€ 4,-

Philosophie en séries

Thibaut de Saint Maurice

Professeur de philosophie en lycée

ellipses

Chez le même éditeur

Maths en séries. Aidez vos héros de séries TV à résoudre leurs problèmes, David Caffin, 224 pages

La philosophie sur grand écran. Manuel de cinéphilosophie, Olivier Dekens, 208 pages

Matrix, machine philosophique, Alain Badiou, Thomas Bénatouil, Elie During, Patrice Maniglier, David Rabouin, Jean-Pierre Zarader, 192 pages

Philosophie de Woody Allen, Roland Quilliot, 192 pages

Politique des zombies. L'Amérique selon George A. Romero, Jean-Baptiste Thoret (sous la dir.), 224 pages

Le rebelle et l'empereur. Étude sur Star Wars, Pierre Berthomieu (sous la dir.), 160 pages

ISBN 978-2-7298-4868-2

32, rue Bargue 75740 Paris cedex 15

www.editions-ellipses.fr

« *Observe everything, admire nothing* »

Generation Kill, saison 1, épisode 1,

(2008)

Que soient ici remerciés :

Laurence Chagneau, qui a soutenu l'idée de ce livre dès son origine,

Xavier et Évelyne, Jacques-Henry et Susan, Steven, Domitille et Guillaume, Pierre et Mélinée, Françoise, Sylvain, Sébastien, Cécile, Camille, Philibert, Florian, Alain et Soline, Estelle et Antoine, qui m'ont confié de biens précieux coffrets,

Pierre, Laurent, Sébastien et les Mathieu(-s) pour l'intelligence de leurs suggestions et leur amitié sans faille,

Béatrice, pour son regard (très) critique sur ces séries et pour sa relecture impitoyable,

Ma femme, Flore, enfin et surtout, encore et toujours...

Table des matières

Pilote[1]

« Depuis quelques minutes, je sens l'attention des élèves quitter la classe et s'envoler vers les heures du week-end tout proche. J'ai beau répéter l'explication, varier le ton et le rythme de la voix, rien à faire, je suis en train de les perdre. Il est 16 h 40, un vendredi du mois de décembre, je commence un cours sur le thème de l'expérience et je me lance pour la troisième fois dans une explication du raisonnement expérimental : sans succès. Si je ne trouve pas l'exemple pour leur faire comprendre, si je ne trouve pas le moyen de les retenir, mes élèves de Terminale vont finir par « lâcher l'affaire » comme ils disent. Je sais bien pourtant que ce cours n'est pas facile pour des élèves qui ne sont pas familiers avec les sciences. J'entoure les mots sur le tableau blanc et je pense à cet épisode de *Dr House* où Greg House tente désespérément de faire comprendre aux trois autres médecins la pertinence de son hypothèse, en entourant lui aussi, des mots sur un tableau blanc avec des feutres de toutes les couleurs[2].

Dr House. Son tableau blanc, les symptômes des malades, les hypothèses, les examens, le diagnostic différentiel : le voilà mon exemple ! Je termine ma phrase et sans transition leur pose la question : « Vous connaissez Dr House ? Vous pouvez me rappeler quelle est sa spécialité ? » Quelques sourires de connivence, ceux qui regardaient par la fenêtre reviennent dans la classe et ils sont plusieurs à donner la réponse en même temps. Maintenant ils attendent la suite, on décortique les étapes du fameux diagnostic différentiel et ils commencent à comprendre ces histoires de « dialogue entre la raison et l'expérience » et de « formulation d'une hypothèse pour rendre compte des faits ». Pas de doute : le cours est relancé, on progresse, je peux reprendre la lecture du texte et son analyse, ils ne lâcheront plus maintenant, jusqu'à la fin de l'heure...

---

1. Pilote : terme par lequel on désigne le tout premier épisode de la 1re saison d'une série.
2. (1x3) Occam's Razor.

Season premiere[1]

Peut-on philosopher devant un écran de télévision ?

Après s'être longuement cherchée, il semble que la télévision se soit enfin « trouvée ». Des séries comme *24 heures chrono, Lost* ou *Dr House* constituent aujourd'hui des œuvres spécifiquement télévisuelles dans leur forme et c'est sans doute pour cela que le public n'hésite pas à reconnaître en elles le meilleur de la télévision. Aussi depuis quelques années ces séries d'un style nouveau sont-elles devenues les programmes phares des grandes chaînes de télévision, capables de fidéliser de larges audiences pendant des semaines. Mais si les séries ont tant de succès aujourd'hui, c'est avant tout grâce à la diversité des histoires qu'elles racontent et à la richesse des personnages qu'elles mettent en scène. On parle de tout dans ces fictions : de l'amour, de la guerre, de la vie en société, de la recherche de la vérité ou de la lutte du bien et du mal. Et on prend le temps d'en parler puisque le principe même de la série implique que le récit se développe sur une longue durée. Toutes ensemble elles sont un formidable miroir de la vie et constituent un grand réservoir d'expériences et de situations exemplaires auxquelles tout le monde peut facilement faire référence. Mais il y a encore une raison à ce succès des séries, plus profonde celle-là. La plupart de ces fictions portent en elles de véritables interrogations. Des séries comme *nip/tuck, Six feet under* ou comme *Dexter* par exemple, sont directement créées autour d'un questionnement sur des valeurs et sur certaines manières de voir le monde. Alors puisque ces séries donnent d'elles-mêmes matière à réflexion, pourquoi ne pas s'en saisir et regarder, avec elles, la télévision autrement ?

1. Season premiere : terme par lequel on désigne le premier épisode d'une saison

D'un autre côté, on reproche souvent à la philosophie son abstraction et sa déconnexion par rapport au réel. Et de fait, il n'est pas toujours facile d'expliquer les principes du questionnement philosophique, puisqu'il consiste justement à se défaire des réponses habituelles pour penser plus loin. Alors pourquoi ne pas laisser infuser le questionnement philosophique dans ces histoires que racontent les séries ? Pourquoi ne pas philosopher autrement ?

Tel est le pari qui donne naissance à ce livre : philosopher autrement en regardant la télévision autrement. Les chapitres qui suivent obéissent donc à une double intention : se servir des séries pour illustrer la réflexion philosophique et en même temps mener une analyse critique des histoires qu'elles racontent et conduire, à travers elles, un authentique questionnement philosophique.

***

De cette manière, il s'agit aussi de relever un second pari : réconcilier la culture classique avec la culture moyenne, celle des grands médias de masse et tout particulièrement celle de la télévision[1]. Trop souvent on entend dire en effet que la seule culture légitime, c'est-à-dire celle qu'il est bon d'acquérir parce qu'elle est la seule qui aurait de la valeur, est celle qui est constituée en patrimoine, reçue du passé et transmise par l'école. On entend même dire parfois que la culture moyenne constituerait une menace pour cette culture classique, que la télévision par exemple, en divertissant plus qu'en ne faisant réfléchir, ne donnerait plus le goût de la « culture », la « vraie », aux jeunes générations.

Ces jugements nous paraissent infondés pour au moins deux raisons. La première est exprimée très clairement par la sociologue Dominique Pasquier et repose sur le fait qu'« *aucune enquête ne permet de mettre en*

---

1. Nous empruntons l'expression de « culture moyenne » à Dominique Wolton, *Penser la communication*, Flammarion, coll. « Champs », 1997.

évidence un rapport de causalité direct entre une plus ou moins grande réussite scolaire et une plus ou moins grande propension à avoir des pratiques culturelles légitimes. Les bons élèves se recrutent aussi chez les joueurs de jeux vidéo et les fans de séries télévisuelles. De même, les pratiques dites "nobles" ne s'opposent pas frontalement aux pratiques qui ne sont pas considérées comme telles. Les lecteurs de livre peuvent très bien aussi aimer regarder la télévision[1] ».

La seconde tient au fait que nous croyons possible de faire se rencontrer les deux cultures en mettant en place un regard actif et ouvert, libéré autant que possible des jugements de valeur et de distinction sociale, relatif aux pratiques respectives impliquées par ces deux cultures. C'est du moins ce que les chapitres qui vont suivre tentent de montrer en prenant au sérieux les récits mis en scène par les séries et en les interrogeant à l'aide de concepts philosophiques, de doctrines et de textes hérités de l'histoire de la philosophie.

***

Le livre s'organise comme un manuel : chaque chapitre met en rapport une série et une notion du programme de philosophie de Terminale autour d'une problématique. La suite du chapitre traite du problème en conduisant à la lecture d'un ou plusieurs textes philosophiques qui font l'objet d'une explication détaillée, mais tout cela sans perdre de vue l'univers de la série choisie.

Les références aux séries renvoient, dans chaque chapitre, prioritairement à la saison 1, car c'est généralement dans la 1re saison que le concept de la série s'exprime avec le plus de force. Mais cela ne nous a pas empêché certaines fois de faire référence aux saisons ultérieures.

Dans la mesure du possible, on a essayé de ne pas trop dévoiler les moments clefs des intrigues. Mais cela n'a pas toujours été possible. Il vaut

1. Pasquier D., *Cultures lycéennes*, Paris, 2005, éd. Autrement, p. 39-41.

donc mieux avoir vu au moins la 1re saison de la série, ou à défaut, les deux ou trois premiers épisodes, avant de lire le chapitre la concernant.

Bien qu'il soit difficile d'éliminer ses goûts personnels quand il s'agit de choisir en ces matières, on a essayé de s'en tenir aux critères suivants pour choisir les séries étudiées.

- Les séries choisies ont toutes été produites il y a moins de dix ans. C'est au cours de ces dix dernières années en effet que ces séries d'un genre nouveau se sont véritablement imposées parmi les œuvres de fiction. C'est ce qui explique qu'on ne trouve pas, dans les chapitres suivants, des séries plus anciennes qui ont pourtant joué un rôle précurseur dans la constitution du genre.
- Elles ont toutes été diffusées en France sur des chaînes gratuites[1] (elles le sont parfois encore) et font toutes l'objet d'une édition disponible en DVD. Elles sont donc très facilement accessibles.
- Elles ont toutes été reconnues comme étant réussies en tant que fiction audiovisuelle par les journalistes et les critiques spécialistes de la télévision. En même temps, elles ont toutes connu un succès auprès du public.
- Elles obéissent toutes à un système de production dans lequel l'auteur est le point de départ de l'œuvre, et non la chaîne de télévision, les acteurs ou le réalisateur. Cela assure une cohérence narrative, au moins pendant la 1re saison.

Que toutes les séries retenues soient finalement des productions américaines ne constituait pas un critère de choix. Cela s'est plutôt révélé être la conséquence des critères précédents et constitue en plus un symptôme du déséquilibre des productions et des programmations. Le fait que les séries américaines soient celles qui sont le plus diffusées sur les chaînes françaises ouvertes à tous ne préjuge en rien de la qualité d'autres séries de production étrangère ou de production française, diffusées sur

---

1. À l'exception des séries *Rome* et *Dexter*, qui n'ont été diffusées que sur Canal +.

des chaînes payantes. Tout le monde s'accorde par exemple pour reconnaître la qualité et la réussite de certaines productions anglaises et de certaines productions françaises récentes[1].

Enfin, faire des choix implique que l'on renonce à des options et certaines séries n'ont pas été retenues malgré leur qualité et leur intelligence[2].

***

Note sur les citations extraites des séries : dans la mesure du possible nous citons les séries en anglais et nous donnons la traduction du sous-titrage français. Chaque citation est suivie de deux chiffres (par exemple 1x3), le premier renvoie au numéro de la saison et le second au numéro de l'épisode.

---

1. On a souvent reproché aux Américains un certain impérialisme culturel à traves l'exportation maximale des fictions qu'ils produisent. Précisément, cela entraînerait une uniformisation culturelle et une standardisation des imaginaires. Certes les séries sont bien issues d'un certain contexte culturel et sont bien porteuses de valeurs. Mais la réception de ces fictions semble plutôt obéir à des logiques propres au public qui les regarde qu'à celles des auteurs qui les produisent, comme l'expliquent Eric Maigret et Guillaume Soulez : « *Loin, très loin d'une standardisation des formes et des imaginaires, les séries sont un vecteur d'identité culturelle décisif (et de débat sur cette identité), y compris lorsqu'elles sont reçues par un public auquel elles n'étaient pas destinées au départ. La loi du marché se télescope avec les logiques nationales, les normes sociales et le goût des publics pour la nouveauté en un cocktail qui favorise d'audacieuses hybridations entre standards et cultures locales et des innovations thématiques ou formelles qui forcent, dans tous les pays, les frontières entre culture consacrée ou traditionnelle et culture médiatique.* » « *Les nouveaux territoires de la série télévisée* », dans *MédiaMorphoses*, « *Les raisons d'aimer... les séries télés* », janvier 2007, Hors-série – janvier 2007, Inathèque de France & Armand Colin, p. 7 ; cf. aussi Wolton D., *Penser la communication*, Flammarion, « Champs », p. 102 : « *l'homogénéité du message n'interdit pas l'hétérogénéité de la réception* ».
2. C'est le cas par exemple de *Oz*, de *The West Wing* (À la Maison-Blanche) de *The shield*, ou de *Battlestar Galactica* pour ne citer qu'elles...

La fin justifie-t-elle les moyens ? Le cas Jack Bauer

24 heures chrono

✓ La morale
✓ Le devoir

« I know it's truly awful, but if it stops these attacks, it's for the greater good[1] » (6x1)

Les « bons » et les « méchants »

Chef de la cellule antiterroriste de Los Angeles, Jack Bauer est un agent efficace et, apparemment, un homme de devoir car il n'abandonne jamais une mission en cours de route et se décide rapidement à reprendre du service (saison 2, 5 et 6) dès lors que la sécurité de son pays est en jeu. Le problème, c'est qu'il a une manière bien à lui de faire son devoir d'agent fédéral : il n'hésite pas à mentir, à torturer des suspects, et même à tuer un des agents qui travaille avec lui, pour accomplir sa mission et sauver des vies innocentes. Pour lui, tous les moyens sont bons s'ils permettent de déjouer les complots et les attentats : seul compte, semble-t-il, le résultat, et peu importe si les règles du fameux « protocole » de la cellule antiterroriste ne sont pas respectées ou s'il faut désobéir aux ordres. Jack

1. *« Je sais que c'est vraiment horrible, mais si cela permet d'arrêter ces attentats, c'est pour le bien de tous. »*

Bauer est donc un personnage complexe dont le comportement peut sembler contradictoire : s'il agit bien pour protéger des vies innocentes ; il n'est jamais loin, par les moyens qu'il emploie, de ressembler à ses ennemis. Est-ce un hasard si dans la saison 1 Bauer doit tout faire pour sauver sa femme et sa fille, contre celui dont il a tué la famille en Bosnie ? De même dans la saison 3, le responsable des attaques terroristes Steven Saunders n'est-il pas un ancien agent spécial ? Autant d'ennemis qui sont autant de doubles du héros. Suffit-il alors que la fin poursuivie soit bonne pour que Bauer reste du côté des « bons » ?

Jack Bauer n'a sûrement pas eu le temps de lire ce que Socrate disait à ses juges lors de son procès, pour expliquer qu'il ne se déroberait pas à la mort à laquelle ils allaient le condamner : « *Dans chaque situation périlleuse,* dit-il, *il y a bien des moyens d'échapper à la mort, si l'on ose dire et faire n'importe quoi. La méchanceté court plus vite que la mort.* » Dire et faire n'importe quoi, ici, cela signifie tout se permettre, agir sans aucun souci du bien et de la justice, mais surtout ne pas faire ce que l'on doit faire. Si Jack Bauer s'en sort à chaque fois, s'il court plus vite que la mort[1], est-ce parce qu'il est devenu un homme « méchant » ?

« Que dois-je faire ? » : une question de philosophie morale

Regarder *24 heures chrono,* c'est donc, à chaque épisode, voir des hommes d'action apporter plusieurs sortes de réponses à cette question : que dois-je faire ? Dans cette série d'action, qui repose sur l'idée terriblement efficace du récit en temps réel des événements, tous les personnages se trouvent tour à tour confrontés à des situations dans lesquelles ils doivent faire un choix difficile, difficile parce qu'il s'agit toujours de décider ce qu'il faut faire alors que l'on est sous la menace d'un attentat et que l'on a jamais vraiment le temps : « *We run out off time*[2] » est une réplique qui revient comme un leitmotiv tout au long de la série.

---

1. Comme on peut le voir, au sens strict, à la fin de la saison 4.

2. « *Le temps presse.* »

Précisément, les scénaristes prennent apparemment un malin plaisir à poser la question de ce qu'il faut faire, à travers la mise en balance d'un intérêt particulier et d'un intérêt général ou à travers la balance d'un but noble et de moyens ignobles. La question du devoir se trouve donc ici subordonnée à une question morale plus large : la fin justifie-t-elle les moyens ? Ainsi, tout le problème est de savoir si faire son devoir c'est choisir l'option qui réserve les meilleures conséquences finales, ou si faire son devoir c'est se conformer à des principes absolus et universels, qui garantissent la pureté de l'intention.

« Faire son devoir » ne constitue un problème que dans la mesure où l'on présuppose que l'homme est un être libre qui n'agit pas uniquement sous la pression de son instinct. En effet, il n'y a de devoir que pour des êtres capables de s'imposer une obligation qu'ils estiment légitime, c'est-à-dire dont le principe leur paraît juste ou bon. Pour des hommes libres, il y a ce qui est et ce qui doit être, c'est-à-dire l'ordre des faits – le réel dans lequel on vit – et l'ordre de l'idéal – le monde qu'il est souhaitable de faire advenir.

La philosophie morale ou éthique désigne précisément ce souci d'évaluer l'action et de la juger bonne ou mauvaise, juste ou injuste en fonction de principes légitimes. La morale définit donc l'ordre du devoir au sens général : la possibilité pour un sujet de s'obliger à quelque chose. Mais en un sens plus particulier, un devoir est une obligation que l'on s'impose (et non une simple contrainte qui s'imposerait de l'extérieur) et que l'on décide de respecter relativement à des actions particulières : devoir de dire la vérité, devoir de ne pas nuire à autrui, devoir de protéger la vie. Autant de devoirs particuliers qui sont autant de règles de conduites que les individus adoptent parce qu'ils estiment qu'elles sont justes ou qu'elles leur permettent de bien se conduire et de ne pas être « méchant ». Ainsi, dans la vie courante, chacun de nous formule des jugements moraux, par exemple « il ne faut pas tricher » ou « il est mal de mentir » ou encore « il ne faut pas penser qu'à soi », qui sont facilement transposés sous la forme d'obligations particulières. Pour autant, ces devoirs particuliers reposent sur des principes dont nous n'avons pas toujours conscience et qui justifient ultimement ces règles. Reste alors à s'interroger sur ces principes : sur quoi reposent au fond nos devoirs ? Quelle est la règle d'action que suit Jack Bauer lorsqu'il fait son devoir ?

Jack Bauer : un anti-kantien

C'est à cette question que le philosophe Kant (1724-1804) veut répondre dans les *Fondements de la Métaphysique des mœurs* (1785). Une bonne action, une action que l'on doit faire, ne se définit ni par son objet, ni par ses conséquences mais par son intention. Autrement dit, une action est bonne si et seulement si elle est issue d'une volonté bonne. Qu'est-ce qu'une bonne volonté ? C'est la volonté d'un homme libre et raisonnable, c'est-à-dire d'un homme qui agit en suivant ce que lui dicte sa raison et non ce que ses inclinations, (ses sentiments ou ses désirs), le poussent à faire. Kant définit donc le devoir de façon absolue et inconditionnée : ce qui compte c'est de faire non pas une action qui pourrait avoir de bonnes conséquences, mais de faire une action dont l'intention soit bonne. Quel est le critère d'une telle action ?

« *Donc pour savoir ce que j'ai à faire afin que ma volonté soit moralement bonne, je n'ai pas précisément besoin d'une subtilité poussée très loin. Sans expérience quant au cours du monde, incapable de parer à tous les événements qui s'y produisent, il suffit que je demande : peux-tu vouloir aussi que ta maxime devienne une loi universelle*[1] *?* »

Faire son devoir, c'est donc obéir à un principe d'universalité : il faut toujours se conduire de telle sorte que la maxime de son action individuelle, c'est-à-dire la règle que l'on veut suivre, puisse aussi être une loi universelle, c'est-à-dire une règle pour tous les hommes. De ce principe qui fonde le devoir, on peut déduire par exemple un devoir de dire la vérité : il faut dire la vérité, quelles que soient les conséquences, car on ne peut mentir et vouloir en même temps que tout le monde puisse mentir, sans tomber dans la contradiction.

---

1. Kant, *Fondements de la métaphysique des mœurs*, Ire section, AK IV 403, Paris, Gallimard, coll. « Pléiade », trad. Delbos, Alquié.

Kant enracine donc le devoir dans une morale que l'on qualifie de déontologique, c'est-à-dire qui définit la forme des actions qu'il convient de faire par rapport à une loi qu'il faut suivre et non par rapport aux conséquences que son action peut entraîner. Dans un tel système moral, la fin ne justifie jamais les moyens, puisque faire son devoir, ce n'est jamais rechercher le meilleur des résultats, mais viser un seul but : appliquer la loi morale, cet impératif de la raison qui exige que l'intention soit bonne.

Logiquement, le devoir trouve alors une seconde formulation :

« *Agis de telle sorte que tu traites l'humanité aussi bien dans ta personne que dans la personne de tout autre toujours en même temps comme une fin, et jamais simplement comme un moyen*[1]. »

Selon cette formulation donc, faire son devoir consiste essentiellement à respecter la personne humaine, en soi-même ou dans autrui, et ainsi à ne jamais réduire l'autre au rang de simple instrument de ma volonté. Du point de vue kantien, il est donc absolument injustifiable que l'on puisse tuer un témoin et lui couper la tête pour pouvoir infiltrer un groupe de terroriste, comme le fait notre héros au début de la saison 2 (épisode 2).

En ce sens-là, Jack Bauer n'est pas un homme de devoir : il se soucie bien peu de la forme de son action et de la pureté de son action. Seul compte, toujours et encore, le résultat. Et si à plusieurs reprises, les personnes qu'il aime (sa femme, sa fille, ses amis) se trouvent menacées et impliquées, c'est bien pour que des inclinations particulières constituent aussi des mobiles d'action, même s'il ne perd jamais le sens de l'intérêt général.

Alors que penser ? Les actions de Jack Bauer sont-elles réellement injustifiables moralement quand bien même il est le seul à pouvoir lutter efficacement contre des terroristes et à sauver des vies ? Finalement, n'est-ce pas faire son devoir que de lutter contre le mal ?

---

1. Kant, *Fondements de la métaphysique des mœurs*, Ire section, AK IV 429, *op.cit.*

Jack Bauer : un utilitariste obstiné

Observons d'un peu plus près les motivations de cet agent très spécial. Qu'est-ce qui motive Jack Bauer ? Ni l'argent, ni les honneurs, ni même une loyauté à son chef ou aux lois de son pays, puisqu'il est capable de ne pas les respecter (il peut désobéir même à un ordre du président).

On trouve la réponse à différentes reprises : « *thousands of lives are at stake*[1] », voilà ce pour quoi il agit et ce qui justifie en derniers recours ses méthodes musclées. Jack Bauer agit donc selon une fin : le bien-être du plus grand nombre (et singulièrement du plus grand nombre d'Américains), une fin que chacun de ses choix tente de développer au maximum. Ses méthodes, aussi violentes soient-elles, ne sont donc que des moyens nécessaires pour maximiser cette fin. Ce faisant, le personnage de Jack Bauer est l'illustration typique d'une morale dite téléologique (de *télos*, en grec, qui signifie « le but »). Selon une telle morale, appelée aussi morale du bonheur ou de l'intérêt, une action est bonne quand la fin qu'elle poursuit est utile au bonheur. C'est le philosophe anglais John Stuart Mill (1806-1873) qui a formulé le plus clairement les principes d'une telle morale en lui donnant le nom d'utilitarisme, tel qu'on peut le lire dans l'extrait suivant :

> « *La croyance qui accepte, comme fondement de la morale, l'utilité ou principe du plus grand bonheur, tient pour certain que les actions sont bonnes en proportion du bonheur qu'elles donnent, et mauvaises si elles tendent à produire le contraire du bonheur. Par bonheur on entend plaisir ou absence de souffrance ; par malheur, souffrance et absence de bonheur.* [...]
>
> *Ainsi, d'après le principe du plus Grand Bonheur expliqué ci-dessus, la fin suprême (que nous considérions notre propre bien ou celui des autres) est une existence aussi exempte que possible de souffrance, aussi riche que possible en jouissances réunissant la quantité et la qualité ; l'appréciation de la qualité et sa comparaison avec la quantité dépendant de la préférence montrée par ceux auxquels les occasions et les habitudes d'observation personnelle ont fourni les meilleurs termes de comparaison. Le but de l'activité humaine se trouve être nécessairement aussi, suivant l'utilitarisme,*

---

1. « *Des milliers de vies sont en jeu.* »

le principe de la morale ; en conséquence la morale peut être définie : les règles de conduite et les préceptes dont l'observance pourra assurer, autant que possible, à toute l'humanité une existence telle que celle qui vient d'être décrite ; et non seulement à l'humanité, mais encore, autant que le permet la nature des choses, à toute la création sentante. [...]

La morale utilitaire reconnaît dans les créatures humaines le pouvoir de sacrifier leur plus grand bien pour le bien des autres. Seulement elle refuse d'admettre que le sacrifice ait une valeur intrinsèque. Un sacrifice qui n'augmente pas ou ne tend pas à augmenter la somme totale du bonheur est considéré comme inutile. La seule renonciation admise, c'est la dévotion au bonheur des autres, à l'humanité ou aux individus, dans les limites imposées par les intérêts collectifs de l'humanité. »

John Stuart Mill, *L'Utilitarisme*, 1861, ch. 2, trad. P.-L. Le Monnier, Félix Alcan, 1889.

La maximisation du bonheur

Une action est bonne et *doit* donc être faite si ses conséquences reviennent à augmenter la somme de bonheur dans le monde, c'est-à-dire la quantité de plaisir pour le plus grand nombre. Un tel principe est de type conséquentialiste, cela signifie que ce sont les conséquences de l'action qui permettent de l'évaluer, et non sa plus ou moins grande conformité à des valeurs absolues comme la bonté, la générosité, le courage ou la sincérité. Tous les moyens, même les plus apparemment inacceptables, se trouvent justifiables et justifiés, s'ils permettent de maximiser la somme de bonheur dans le monde. Quand l'agent Edmunds se retrouve attaché à une bombe bactériologique et que Jack Bauer décide de lui couper la main, pour évacuer la bombe, il fait exactement ce qu'il *fallait* faire, son choix est le bon, au sens où en termes de proportion de bonheur, la vie sauvée des civils aux alentours, est plus importante, que la perte d'un de ses membres, pour un agent fédéral. Dans un tel système moral, si la fin consiste en une proportion supérieure de bonheur, alors elle justifie toujours les moyens employés.

Le poids de l'expérience

Reste à savoir comment se calcule précisément cette maximisation du bonheur. Pour pouvoir dire qu'une action est bonne, Mill dit qu'il faut calculer la quantité et la qualité du bonheur qu'elle entraîne. Mais cela présuppose que l'on puisse facilement mesurer le bonheur, aussi bien en termes de quantité que de qualité. Or, le plaisir et l'absence de souffrance ne sont-ils pas des états infiniment variables d'un individu à un autre ? Le terroriste ne cherche-t-il pas lui aussi à augmenter le bonheur du plus grand nombre, en éliminant ce qui lui paraît nuire à ce bonheur ?

Mill devance ce problème en affirmant, que le bonheur en question, celui qu'il faut maximiser, n'est pas n'importe lequel. Il est défini par ceux « *auxquels les occasions et les habitudes d'observation personnelle ont fourni les meilleurs termes de comparaison* », c'est-à-dire par ceux qui ont de l'expérience. Mill ne fait toutefois ici que repousser la question : n'y a-t-il pas en effet, plusieurs types d'hommes avec des expériences différentes, susceptibles de définir plusieurs types de bonheur à privilégier ? On en revient à la question fondamentale : un devoir peut-il être universel ?

Le sens du sacrifice

Une morale qui repose sur la promotion du bonheur de celui qui agit a été rapidement accusée de ne pas être vertueuse, au sens où elle n'obligerait pas l'individu à sacrifier ses intérêts, voire à se sacrifier lui-même, pour le bonheur de tous. Il s'agit donc, pour Mill de répondre à l'objection selon laquelle la morale qu'il propose ne serait finalement qu'une morale d'égoïste.

Mill précise donc que la morale utilitariste reconnaît le sacrifice, voire même l'exige. Mais comme pour toutes les autres actions, le sacrifice n'a pas de sens en lui-même, il n'est pas vertueux en lui-même, mais uniquement dans la mesure où il sert au bonheur du plus grand nombre. En ce sens seulement, le sacrifice de son bonheur et de ses intérêts peut devenir un devoir : si cela augmente le bonheur des autres. Si donc Jack

Bauer est un héros utilitariste qui vise toujours à augmenter son bonheur et celui des autres, il n'est en pas moins capable de prendre le risque du sacrifice à plusieurs reprises : « *Today, I can die for something. My way, my choice*[1] » (6x1).

Mais cette justification morale du sacrifice n'en est pas moins paradoxale pour une morale qui voulait promouvoir l'intérêt ou le bonheur des individus. En faisant du sacrifice un devoir, dès lors qu'il est utile au plus grand nombre, la morale utilitariste autorise finalement le sacrifice du bonheur d'un individu ou d'un groupe d'individus, tant que cela sert au bonheur du plus grand nombre. Le calcul de l'utilité apparaît alors dans sa dimension la plus implacable[2]. Dans la série ce paradoxe trouve un écho tout particulier pour Jack Bauer : plus les saisons passent et plus Jack Bauer perd ceux qu'il aime à force d'agir au nom du bonheur du plus grand nombre, comme si le héros ne pouvait pas lui-même être heureux du bonheur qu'il garantit aux autres.

24 heures chrono livre une représentation du devoir qui repose sur une morale téléologique ou conséquentialiste, que l'on pourrait aussi qualifier de morale de l'efficacité selon laquelle une action est bonne et constitue la matière d'un devoir quand elle est utile en vue du bonheur du plus grand nombre. Une telle morale utilitariste s'oppose à une conception déontologique du devoir, comme la morale kantienne, selon laquelle agir par devoir implique nécessairement d'agir de façon désintéressée, c'est-à-dire sans s'intéresser aux conséquences de son action.

Reste néanmoins que dans les deux cas, la définition du principe du devoir est l'occasion de réaffirmer la liberté humaine. Faire son devoir, ce n'est pas nier sa liberté, mais au contraire la manifester avec force, puisque c'est montrer que l'on ne se contente pas de ce qui est, quand bien même l'heure tourne… et que l'attentat est imminent.

---

1. « *Aujourd'hui je peux mourir pour quelque chose. C'est mon choix.* »

2. Le philosophe américain John Rawls formulera clairement cette critique en étudiant notamment les conséquences d'un tel principe à l'échelle d'une organisation de la société. *Théorie de la Justice*, Paris, Le Seuil, 1974, §5.

Références

Titre original	*24*
Titre français	*24 heures chrono*
Créée par	Joël Surnow et Robert Cochran
Nombre de saisons	7 (8e en cours de production) – 168 épisodes
1re diffusion	2001 (USA), 2002 (France)
Vidéographie (zone 2)	1 coffret DVD par saison (1 à 6) Twentieth Century Fox Home Entertainment 1 coffret DVD intégrale de la saison 1 à 5 Twentieth Century Fox Home Entertainment

Peut-on être libre et enfermé dans une cellule de la prison de Fox River?

PRISON BREAK

✓ La liberté

« *It can't be done Michael, no one has ever broke down Fox River*[1] » (1x2)

À la recherche d'une liberté perdue...

Une évasion comporte toujours une part de paradoxe : des hommes emprisonnés et donc privés de liberté s'affranchissent néanmoins des règles de la prison et parviennent à retrouver leur liberté. S'ils parviennent donc à s'évader, c'est qu'ils n'étaient pas totalement privés de leur liberté. En même temps, s'ils en viennent à s'évader, c'est qu'ils n'étaient pas totalement libres... Le projet de Michael Scofield, dans la 1re saison de *Prison Break*, n'échappe pas à ce paradoxe. Dès qu'il apprend la condamnation à mort de son frère, Lincoln Burrows, il se lance dans le projet fou de vouloir le faire évader du couloir de la mort. Après de longs mois de préparation, il finit par se faire délibérément incarcérer en commettant un simulacre d'attaque de banque. Une fois passés les murs de la prison de Fox River, il commence l'exécution de son plan et les 21 épisodes qui

1. « *C'est impossible, Michael, personne ne s'échappe de Fox River.* »

suivent décrivent étape par étape et dans un suspense formidable, la chronique de cette évasion. Tout se passe donc comme si, en entrant à Fox River, Scofield n'avait pas perdu toute sa liberté, bien qu'il ne soit plus libre de faire tout ce qu'il veut.

La première saison de *Prison Break* offre ainsi une expérience aussi inattendue que profonde de la liberté en train de se (re)conquérir. Inattendue, car en se déroulant principalement dans une prison, lieu institutionnel de la privation de la liberté, elle contredit le sens courant de la liberté selon lequel on est libre quand on fait ce que l'on veut. Profonde, car d'un autre côté, à travers le personnage de Scofield elle présente une autre version de la liberté humaine : celle d'une puissance d'agir qui n'est limitée ni par les barreaux d'une cellule, ni par les murs d'une prison, ni même par le complot qui se trame à l'extérieur. Quelle est donc cette liberté qui anime Scofield et qui le rend capable d'agir du fond même de sa cellule ?

La liberté de la volonté : une illusion ?

Assurément, la liberté de Scofield n'a rien à voir avec la définition courante de la liberté. Faire ce que l'on veut, quand on veut et comme on veut, telle est la formule magique de la liberté pour la plupart des gens. Ces trois exigences définissent en fait la liberté comme un état d'indépendance qui repose sur deux conditions : l'autodétermination de la volonté et l'absence de contrainte. Première condition : il faut que l'action soit volontaire, et que cette volonté ne soit pas poussée par une autre puissance qu'elle-même, à vouloir ce qu'elle fait, c'est-à-dire qu'elle puisse « s'autodéterminer » à l'action. Deuxième condition : pour que cette action volontaire soit pleinement libre encore faut-il que son mouvement se déploie sans qu'elle ne rencontre de limite ou d'obstacle qui la contraigne de s'arrêter. La version la plus courante de la liberté trouve donc son fondement dans la volonté de chacun.

Les philosophes de la période moderne (XVIe et XVIIe siècles) dont Descartes (1596-1650) par exemple, reprennent cette expérience commune et la théorisent en identifiant plus précisément dans la volonté, un pouvoir d'arbitrer entre deux options, d'en choisir une plutôt qu'une autre et de s'y tenir avec résolution, uniquement à partir d'elle-même. Ils désignent cette faculté particulière à l'aide du concept de libre-arbitre et fondent ainsi une philosophie de la liberté qui repose essentiellement sur la volonté humaine, comme « *faculté positive de se déterminer* » comme l'écrit Descartes[1]. De cette théorie de la liberté découle une théorie de la responsabilité : chacun est tenu responsable de ce qu'il a voulu, c'est-à-dire de ce qu'il a fait ou décidé librement, puisque, étant précisément libre, il avait la possibilité de ne pas le faire. Au nom de ces principes le système judiciaire condamne les criminels reconnus coupables et leur inflige une sanction, sous la forme, quand il s'agit d'une peine de prison, d'une privation de cette liberté dont il a été fait un mauvais usage.

Reste à concilier cette théorie de la liberté avec les diverses déterminations qui pèsent naturellement sur l'action de chacun. De fait, l'on peut bien vouloir ce que l'on veut, mais le monde naturel dans lequel on vit est régi par des lois nécessaires qui s'appliquent à chacun de ses éléments. Dans la nature, chaque événement est un effet qui a une cause déterminée et qui ne peut donc faire autrement que se dérouler. La société aussi exerce une pression sur les choix individuels et les membres d'un groupe social sont souvent influencés par les normes en vigueur dans ce groupe, (certains allant même jusqu'à croire que les étoiles et le mouvement des planètes exercent aussi une influence). Comment donc concilier la liberté humaine et les multiples déterminations du monde dans lequel l'homme vit ?

L'univers impitoyable de Fox River ou comment concilier la liberté et le déterminisme ?

Dans un éclair de lucidité, Sucre, le compagnon de cellule de Scofield, pose le problème à sa manière en faisant remarquer : « *three things are certain in life : death, taxes and count*[2] » (1x6). La mort, les

1. Descartes, Lettre au Père Mesland, 9 février 1645, Garnier, III, 1998, p. 551 sq.

2. « *La vie est faite de trois certitudes : la mort, les impôts et le décompte.* »

impôts et le décompte : trois visages de la nécessité, c'est-à-dire de ce qui ne peut pas être autrement, et qui signent le déterminisme du monde décrit dans *Prison Break*. La mort désigne la nécessité naturelle et la soumission de tous les êtres vivants aux lois de la nature, les impôts désignent quant à eux la nécessité d'un ordre social pour pouvoir vivre ensemble, dont la contrepartie nécessaire est la solidarité. Le décompte, enfin, désigne plus particulièrement la nécessité du règlement carcéral et renvoie à la situation la plus explicitement déterminée : la détention pénitentiaire. En associant ainsi la mort et les impôts au décompte, Sucre fait de la prison un lieu qui récapitule tous les déterminismes.

Ainsi dans le monde de *Prison Break*, les hommes ne sont pas libres, et ce pas uniquement parce qu'ils sont en prison, mais essentiellement, on pourrait dire métaphysiquement, du fait de leur condition d'êtres vivants naturels soumis à la nécessité de la nature, puis de la société, puis enfin seulement, du règlement de la prison. À regarder cette série d'un peu plus près, et comme souvent dans les séries carcérales[1] la prison a donc une signification plus profonde : elle est la métaphore privilégiée de la condition humaine comme étant une condition essentiellement en quête d'une liberté dont elle est privée. Les hommes ne font pas ce qu'ils veulent, car sans toujours le savoir, ils obéissent à des causes qui les déterminent, de la même façon que les détenus se conforment aux ordres des gardiens et au règlement de la prison. La volonté des individus n'existe plus et avec elle disparaît leur liberté. Pour cette raison, d'ailleurs et malgré leurs puissantes motivations, les autres détenus de Fox River, C-Note, Sucre, Abruzzi ou T-Bag semblent s'être résignés à rester enfermés et se contentent de mener leurs petites affaires, sous la surveillance du chef Bellick. Mais si tout est déterminé, si tout a une cause, si tout événement, comme l'exécution de Burrows par exemple, doit nécessairement arriver, quel est le sens d'un projet d'évasion ?

L'arme de Scofield, c'est son intelligence et sa connaissance du terrain. Quelle est donc cette liberté capable de se déployer dans un univers

1. Que l'on pense par exemple à la série *OZ* de Tom Fontana.

de cause déterminante ? Suffit-il de connaître ces causes déterminantes pour s'en libérer ?

Scofield ou la liberté selon Spinoza

Chaque épisode de *Prison Break* permet donc de reposer la question de la réalité de la liberté humaine dans un univers soumis au déterminisme. Scofield incarne la réponse à cette question en déployant une liberté qui puise non pas dans une volonté ferme et résolue, mais dans une connaissance extrêmement précise de la prison, des prisonniers, des gardiens, du directeur et du contexte, c'est-à-dire de tout le système qui entoure son frère. Autrement dit en plus de tous ses préparatifs, Scofield semble avoir lu tout l'*Éthique* de Spinoza (1632-1677), puisque comme le philosophe hollandais, il a compris que la croyance courante des hommes en la puissance de leur volonté n'est qu'une illusion : « *les hommes se croient libres pour cette seule cause qu'ils sont conscients de leurs actions et ignorants des causes par où ils sont déterminés*[1] ». Il ne suffit pas de le vouloir pour changer le monde ou faire évader son frère, mais il faut prendre le temps de connaître la nécessité des causes déterminantes pour ne plus les subir passivement et libérer une puissance d'action, comme l'explique Spinoza au début du livre III de l'*Éthique* :

> « *I. J'appelle cause adéquate celle dont on peut percevoir l'effet clairement et distinctement par elle-même ; j'appelle cause inadéquate ou partielle celle dont on ne peut connaître l'effet par elle seule.*
>
> *II. Je dis que nous sommes actifs, quand, en nous ou hors de nous, quelque chose se fait dont nous sommes la cause adéquate, c'est-à-dire quand, en nous ou hors de nous, il suit de notre nature quelque chose qui se peut par elle seule connaître clairement et distinctement. Au contraire, je dis que nous sommes passifs quand il se fait en nous quelque chose ou qu'il suit de notre nature quelque chose dont nous ne sommes la cause que partiellement.*

1. *Éthique*, III, prop. 2 scolie, trad. Ch. Appuhn, Garnier-Flammarion, 1965.

III. J'entends par Affections les affections du Corps par lesquelles la puissance d'agir de ce Corps est accrue ou diminuée, secondée ou réduite, et en même temps les idées de ces affections »

Spinoza, *Éthique* (1677), III, déf. I à III, trad. Ch. Appuhn, Garnier-Flammarion, 1965, p. 134.

Le style de Spinoza est un peu abrupt : il a la rigueur et la précision des raisonnements mathématiques. Dans l'*Éthique*, chaque partie s'ouvre par des « définitions », avant d'avancer des « propositions », suivies de « démonstrations ». Avec cette présentation à la manière des géomètres, Spinoza veut imposer la rigueur du raisonnement mathématique à la réflexion sur les passions des hommes, car de même que toutes les propositions géométriques peuvent se rapporter à quelques principes élémentaires, toute la nature, dont l'homme n'est qu'une partie, constitue une grande structure qui peut être expliquée par quelques principes.

Cause adéquate et cause inadéquate

Reprenons le texte : nous sommes actifs quand nous sommes cause adéquate de ce qui arrive. Une cause adéquate c'est une cause que nous connaissons clairement et distinctement. Et comme nous la connaissons complètement, nous savons très exactement quel effet elle peut faire naître. Par exemple Scofield sait qu'Abruzzi désire plus que tout savoir où se trouve Fibonacci, l'homme qui l'a livré. Il peut donc s'attendre à ce qu'il collabore avec lui, s'il lui fait savoir qu'il détient cette information. On peut dire qu'il connaît la cause adéquate du changement de comportement d'Abruzzi à son égard, parce qu'il sait exactement quel effet on peut en attendre. Un peu plus tard il exprimera cela avec force à Westmorland en lui disant : « *I don't think, I know*[1] » (1x8).

Inversement quand nous ne connaissons pas complètement une cause, quand il nous manque un élément pour la connaître entièrement et que par conséquent nous ne pouvons en déduire parfaitement l'effet, nous

1. « *Je ne crois pas, je sais.* »

ne connaissons que la cause inadéquate de ce qui arrive. Il est difficile de la connaître par elle seule car elle dépend de quelque chose d'extérieur. Dans la série, c'est la relation de Scofield avec le Dr Tancredi qui illustre le mieux cette situation. Scofield ne sait pas clairement et distinctement s'il peut faire confiance à Sara Tancredi en lui demandant de laisser la porte de l'infirmerie ouverte. Il ne sait donc pas avec certitude à quel effet on peut s'attendre, car à Fox River, s'il y a bien une personne qui est étrangère à la logique pénitentiaire, c'est elle.

Toute la préparation de Scofield a consisté principalement à connaître le plus adéquatement possible l'ensemble des causes qui s'expriment à Fox River et qui concernent la situation de son frère. En tant qu'ingénieur en génie civil, spécialisé dans les structures, le moins que l'on puisse dire, c'est qu'il avait un avantage non négligeable puisque le travail d'un ingénieur en bâtiment consiste à concevoir précisément l'ensemble des causes qui permettent à un ouvrage d'exister. Comme il le dit à son frère pour le convaincre du projet d'évasion sa force, c'est d'avoir tout étudié : « *Every single step's already mapped out, every contingency*[1] » (1x2). Reste à comprendre cependant comment l'on passe de la connaissance à l'action ?

■ Activité et passivité

La deuxième définition posée par Spinoza au début du livre III de l'*Éthique*, est sur ce point assez claire. Nous sommes actifs quand nous connaissons adéquatement les causes des événements qui arrivent, que ce soit hors de nous ou en nous. Plus on connaît adéquatement et plus on est actif, au sens où l'on ne subit pas l'effet qui arrive, puisqu'on le connaissait. Pour Spinoza « *les lois et règles de la Nature, conformément auxquelles tout arrive et passe d'une forme à l'autre, sont partout et toujours les mêmes*[2] ». Tout ce qui arrive, en nous ou hors de nous est donc déterminé à arriver par une nécessité inévitable. Le véritable enjeu alors, n'est pas de choisir ou de faire ce que l'on veut mais de subir cette nécessité et d'être

1. « *La moindre des étapes est déjà planifiée, de même que chaque éventualité.* »
2. *Éthique*, III, Préface, trad. Ch. Appuhn, éd. Garnier-Flammarion, 1965.

passif ou au contraire d'essayer de la comprendre et d'être actif. Non pas que la connaissance nous libère de la nécessité, mais plutôt qu'elle permet de ne plus la subir.

Ainsi bien qu'il soit « nouveau » à Fox River, Scofield ne subit pas la pression des autres détenus car il connaît clairement et distinctement les causes qui font agir les autres détenus et qui constituent les différents clans. Fort de cette connaissance, il parvient à faire collaborer, c'est-à-dire agir ensemble, des détenus rivaux. On comprend mieux alors ce que Spinoza entend par activité : être actif c'est trouver les moyens d'être en accord avec sa nature, c'est-à-dire trouver les moyens d'augmenter une puissance d'agir, pour subir de moins en moins les déterminations extérieures parce qu'on en connaît complètement les causes. Or pour Scofield, être en accord avec sa nature, c'est être le *Brother's keeper*, c'est-à-dire le « gardien de son frère » comme l'explique l'épisode 16, ce qui le conduit à ne pouvoir agir autrement que dans le sens de son évasion. C'est à partir de cette nouvelle compréhension de la connaissance comme ce qui rend actif que va se constituer une nouvelle théorie de la liberté.

■ Affections et puissance : la liberté en jeu

La 3e définition porte sur les affections du corps et sur leur rapport à sa puissance d'agir. Qu'est ce qu'une affection ? Tout ce qui fait changer l'état du corps. Manger ou boire affecte le corps, de la même manière qu'aimer ou être jaloux. Ces affections peuvent être positives ou négatives. Cela se juge en fonction de leur effet sur la puissance d'agir du corps : une affection est négative quand elle diminue la puissance d'agir du corps – l'ivresse par exemple – et elle est positive quand elle augmente sa puissance d'agir. Mais soyons précis : Spinoza ajoute que les Affections comprennent aussi les idées des affections du corps que l'esprit se fait. Pour Spinoza, en effet, tout ce qui se passe dans le corps, se passe aussi dans l'esprit, sous la forme d'idée. Quand le corps subit une affection négative, l'esprit ne fait qu'en imaginer la cause, et quand au contraire le corps est affecté positivement et qu'il agit, l'esprit en connaît mieux la cause. La réciproque est vraie : quand l'esprit a une idée adéquate d'une affection, alors le corps est affecté positivement à son tour et quand l'esprit ne fait qu'imaginer une cause alors le corps en est affecté négativement.

Scofield incarne parfaitement cette correspondance entre le corps et l'esprit. Le tatouage qu'il se fait sur le torse, le dos et les bras, de tous les plans de la prison et de toutes les informations essentielles à l'évasion, est la mise en scène spectaculaire de la façon dont son corps est affecté positivement par la connaissance adéquate qu'il a de ce projet. Une fois incarcéré, le tatouage sera cette affection positive du corps qui permettra à l'esprit de conserver toutes les connaissances nécessaires à l'évasion. Scofield est alors d'autant plus puissant qu'il devient lui-même, grâce à ce tatouage, la cause adéquate de l'évasion. Cette puissance est alors le signe indubitable de sa liberté. Scofield est un homme libre et ne cesse pas de l'être, même au fond de sa cellule, parce qu'il ne cesse de déployer sa puissance, c'est-à-dire de causer toute une chaîne d'événements qui ont pour effet l'évasion de son frère. Un exemple parmi d'autres : enfermé à l'isolement et devant absolument retrouver un détenu du quartier psychiatrique, il sait qu'il faut feindre la folie, pour sortir de l'isolement et être conduit en psychiatrie. Il a su devenir la cause de l'effet qu'il voulait produire. Voilà ce que signifie la puissance d'agir et voilà en quoi consiste cette liberté que tout un univers carcéral et que tout un complot touchant les plus hautes sphères, ne peuvent pas détruire.

Dans sa forme même, l'histoire racontée dans la 1re saison de *Prison Break* pousse à réfléchir sur la réalité de la liberté humaine. En présentant la chronique, étape par étape, d'une évasion, on comprend que la liberté est toujours une libération, c'est-à-dire une puissance retrouvée grâce à la connaissance de l'ordre du monde dans lequel on évolue. Autrement dit, on ne naît pas libre et doté d'une volonté qui nous rendrait capable de vivre dans une indépendance idéale. Au contraire, l'homme naît dans un monde qui l'affecte, qu'il subit et dont il est prisonnier s'il ne fait rien pour le comprendre.

« *Être libre ce n'est pas faire ce que l'on veut, mais savoir ce que l'on fait.* » Voilà la devise que Scofield aurait pu se faire tatouer s'il lui était resté un peu de place sur le corps...

Références

Titre original	*Prison Break*
Titre français	*Prison Break*
Créée par	Paul Scheuring
Nombre de saisons	3 (4e en cours de production) – 57 épisodes
1re diffusion	2005 (USA), 2006 (France)
Vidéographie (zone 2)	1 coffret DVD par saison (1 et 2) Twentieth Century Fox Home Entertainment

Qu'est-ce qu'on attend pour être heureux à Wisteria Lane?

Desperate Housewives

✓ Le bonheur

"Clearly thereê is some trouble in paradise[1]*"* (1x3)

Tout pour être heureux?

Habiter Wisteria Lane, n'est-ce pas tout simplement le rêve? À chacun sa jolie maison, son jardin fleuri, et sa place devant la maison pour garer la voiture. Les voisins sont accueillants et souvent prêts à vous dépanner en cas de problème; ils feront assurément de bons amis. Oui, voilà bien un quartier à l'abri des troubles du monde, un petit paradis idéal pour vivre tranquillement en famille. À première vue Wisteria Lane, le lotissement dans lequel vivent les cinq héroïnes de *Desperate housewives* représente le rêve de bonheur de la classe moyenne américaine, et plus largement, de toute classe moyenne d'un pays démocratique, puisque comme le décrivait Tocqueville, lors de son voyage d'observation de la naissance de la démocratie américaine, en 1830: « *À mesure que les conditions s'égalisent, il se rencontre un plus grand nombre d'individus qui* [...] *ont acquis* [...] *assez de lumière et de biens pour pouvoir se suffire à eux-mêmes. Ceux-là ne doivent rien à personne, ils n'attendent pour ainsi dire rien de personne;*

1. « *Manifestement, il y a du désordre au paradis* » (1x3).

ils s'habituent à se considérer toujours isolément, ils se figurent volontiers que leur destinée tout entière est entre leurs mains[1]. » Si l'on en croit Tocqueville donc, ni particulièrement riches, ni pauvres, les 5 héroïnes que sont Gabrielle Solis, Lynette Scavo, Susan Mayer, Bree Van de Kamp et Edie Britt ont suffisamment de « *lumières et de biens* » pour ne dépendre de rien, ni de personne, c'est-à-dire pour vivre confortablement. Dans l'ère démocratique le bonheur devient l'affaire de chacun, il ne dépend plus du bon vouloir d'un seigneur, d'un roi ou d'une puissance divine. Ainsi ces cinq femmes n'ont-elles pas tout pour être heureuse ? Vivre à Wisteria Lane, n'est-ce pas réunir toutes les conditions d'une vie heureuse ?

Si c'était le cas, la série n'aurait jamais vu le jour, puisque les gens heureux n'ont pas d'histoire et qu'il n'y aurait donc rien eu à raconter. De fait, la saison 1, s'ouvre sur un événement tragique : une des voisines, Mary Alice, mère de famille idéale, se tient dans la salle à manger de sa maison, un pistolet à la main, prête à se tirer une balle dans la tête. D'outre-tombe, elle se fait la narratrice des aventures quotidiennes de ses voisines et amies, et réfléchit, à travers les situations décrites, au tragique de leur existence apparemment si privilégiée. Est-ce à dire qu'il ne suffit pas d'être à l'abri du besoin pour être heureux ? Est-ce à dire que la vie de famille dans un petit paradis comme Wisteria Lane n'est pas une condition suffisante du bonheur ? Le suicide de Mary Alice sonne le glas de l'image idéale du bonheur familial et résidentiel en même temps qu'il constitue le point de fuite de la perspective vertigineuse d'un désespoir suburbain. D'emblée se trouve dénoncée la confusion moderne entre la prospérité (le bien-être matériel) et le bonheur et du même coup se trouve révélée la fragilité des repères que l'on associe couramment à une vie heureuse : le mariage, la famille, la filiation, la confiance entre amis...

Malgré la tonalité légère de son récit, *Desperate housewives* pose la question profonde de la possibilité du bonheur : l'existence humaine est-elle compatible avec l'idée d'une vie heureuse, ou la condition humaine est-elle

---

1. Tocqueville, *De la démocratie en Amérique*, II, 2e partie, ch. II, Paris, éd. GF, p. 127.

inéluctablement (et malgré les jolies couleurs des maisons et les jardins bien entretenus) une condition malheureuse ?

Être heureux : un désir universel mais illusoire ?

Le désir d'être heureux est sans nul doute le désir le plus communément répandu parmi les hommes. Pour la plupart des gens le bonheur désigne un état d'accomplissement et d'épanouissement, d'harmonie avec soi-même et avec le monde qui passe par la satisfaction complète et durable de tous les désirs entretenus. Il a donc partie liée avec la conception courante de la liberté, à savoir « faire tout ce que l'on veut », pouvoir réaliser sans empêchement tous ses désirs. Un homme heureux ne manquerait de rien, toutes ses tensions seraient résolues, sa vie ne serait qu'une succession ininterrompue de plaisirs. Celui qui espère être heureux, et qui adopte un tel but, ne donne-t-il pas déjà du sens à son existence, parce qu'il y met de l'ordre ? Toutes ses actions s'ordonnent en effet comme des moyens pour atteindre cette fin. Or une vie ordonnée et orientée vers un but déterminé ne se trouve-t-elle pas à l'abri de l'imprévu et des mauvaises surprises ?

On peut dire qu'une telle conception du bonheur relève d'une conception optimiste de l'existence. L'optimisme ce n'est pas seulement « voir le bon côté des choses », mais philosophiquement cela signifie que la réalité n'est pas un obstacle au bonheur de l'homme et qu'il a la possibilité d'agir pour le faire advenir, malgré les malheurs de l'existence. D'un autre côté, certains philosophes estiment que l'on ne peut rien face aux malheurs de l'existence, car la cause universelle du malheur d'exister est à chercher au cœur de l'existence humaine. Telle est la thèse que soutiennent les pessimistes, non pas seulement ceux qui « voient toujours le mauvais côté des choses », mais ceux qui affirment que l'homme n'est pas fait pour être heureux. Il peut bien le désirer, mais ce désir n'est qu'une illusion, car il n'est pas compatible avec la réalité. En son fond, *Desperate housewives* est une série pessimiste : elle montre que le quotidien de ces « femmes d'intérieur » est fait d'efforts incessants pour rendre la vie plus heureuse, mais qu'ils aboutissent invariablement à des échecs et des déceptions. Certes les épisodes sont plutôt plaisants à regarder, mais ce n'est qu'un effet de la forme propre au feuilleton qui permet, en s'étalant dans la durée, de raconter les détails. Si l'histoire générale relève plutôt du drame et de la tragédie, les multiples rebondissements de chaque effort ont un effet comique, comme l'explique, à un siècle de distance, le philosophe Schopenhauer (1788-1860) : « *La vie de chacun de nous, à l'embrasser dans son ensemble d'un coup d'œil, à n'en considérer que les traits marquants, est une véritable tragédie ; mais quand il faut pas à pas, l'épuiser en détail, elle prend la tournure d'une comédie. Chaque jour apporte son travail, son souci ; chaque instant sa duperie nouvelle ; chaque semaine, son désir, sa crainte ; chaque heure ses désappointements, car le hasard est là, toujours aux aguets pour faire quelque malice, pures scènes comiques que tout cela. Mais les souhaits jamais exaucés, la peine toujours dépensée en vain, les espérances brisées par un destin impitoyable, les mécomptes cruels qui composent la vie entière, la souffrance qui va grandissant, et, à l'extrémité du tout, la mort, en voilà assez pour faire une tragédie*[1]. » Ne croirait-on pas que le philosophe allemand a écrit cela après avoir visionné l'intégrale de la série ?

Revenons néanmoins sur la thèse sous-jacente de cette description. Pourquoi la vie serait-elle, en son fond, une tragédie ? Qu'est-ce qui condamne irrémédiablement Gabrielle, Lynette, Bree et Susan, au malheur et au désespoir ?

Wisteria Lane ou le quartier du pessimisme

Après une si bonne description de l'existence tragicomique des habitants de Wisteria Lane, tentons d'en expliquer les raisons. Philosophe pessimiste, Schopenhauer fait la généalogie du désespoir des hommes, c'est-à-dire qu'il en explique l'apparition, en montrant qu'il vient d'une contradiction inscrite dans le fait même de vivre. Vivre, c'est essentiellement souffrir, explique-t-il, car la *vie* est traversée par un désir qui ne peut trouver de satisfaction durable.

---

1. Schopenhauer, *Le monde comme volonté et comme représentation*, IV, § 58, PUF « Quadrige », 2003, trad. A. Burdeau, p. 407.

« [...] *chez la bête et l'homme, la même vérité éclate bien plus évidemment. Vouloir, s'efforcer, voilà tout leur être ; c'est comme une soif inextinguible. Or tout vouloir a pour principe un besoin, un manque donc une douleur ; c'est par nature, nécessairement, qu'ils doivent devenir la proie de la douleur. Mais que la volonté vienne à manquer d'objet, qu'une prompte satisfaction vienne à lui enlever tout motif de désirer, et les voilà tombés dans un vide épouvantable, dans l'ennui ; leur nature, leur existence leur pèse d'un poids intolérable. La vie donc oscille, comme un pendule, de droite à gauche, de la souffrance à l'ennui ; ce sont là les deux éléments dont elle faite, en somme.* [...] *Ce qui fait l'occupation de tout être vivant, ce qui le tient en mouvement, c'est le désir de vivre. Eh bien, cette existence, une fois assurée, nous ne savons qu'en faire, ni à quoi l'employer ! Alors intervient le second ressort qui nous met en mouvement, le désir de nous délivrer du fardeau de l'existence, de « tuer le temps » ce qui veut dire de fuir l'ennui.* [...] *L'ennui, au reste, n'est pas un mal qu'on puisse négliger ; à la longue il met sur les figures une véritable expression de désespérance.* »

Schopenhauer, *Le monde comme volonté et comme représentation*, IV, § 57, PUF « Quadrige », 2003, trad. A. Burdeau, p. 393 *sq*.

■ La vie est une souffrance : Susan et Bree

Pour Schopenhauer, vivre, c'est essentiellement vouloir-vivre, c'est-à-dire déployer une énergie de tous les instants, pour conserver sa vie et en satisfaire tous les besoins. La vie n'est donc que la manifestation d'une volonté de vivre infinie, une « *soif inextinguible* » qui anime tout être vivant, aussi bien animal qu'humain. Tout ce que les hommes font, par exemple pour combler leurs besoins et se mettre à l'abri, s'explique par cette volonté de vivre. Il n'empêche qu'en son fond, vouloir, comme le fait remarquer Schopenhauer, c'est le signe que l'on manque de ce que l'on veut, et donc que tant qu'on ne l'obtient pas, on souffre de son absence.

Que le désir repose essentiellement sur une souffrance, Susan et Bree en sont de bons exemples. « *Ce devrait être mon tour d'être heureuse* » (2x2), dit Susan après avoir divorcé de son mari, pensant avoir ainsi supprimé la cause de son malheur. Mais au divorce succède un nouveau désir, sur le fond d'une nouvelle souffrance : retrouver un amoureux pour ne plus endurer cette solitude insupportable. C'est ce qui fait dire à la perfide mais lucide Edie que les gens ne sont pas gentils avec Susan parce qu'elle est charmante, mais parce que sa solitude leur fait pitié. Bree, de son côté, veut par-dessus tout élever sa famille et sa maison au plus haut degré de perfection morale et d'hygiène. Elle a tout de l'optimiste résolue : il suffirait pour être heureux, de faire le ménage dans son existence, comme on le fait dans sa maison. Elle raconte, par exemple, comment, lorsque sa mère est morte renversée par une voiture le soir de Noël, elle a pris une serpillière pour nettoyer la flaque de sang dans la rue. Mais elle est la seule à croire à ce perfectionnisme : « *I just can't live in this detergent commercial anymore*[1] » (1x1), lui fait remarquer Rex, son mari. Plus elle s'obstine à vouloir cette perfection, et plus en réalité elle lui échappe. Sa famille explose peu à peu dans la saison 2 tandis qu'elle se met à boire. La condamnation est sans appel : vivre c'est vouloir, vouloir c'est manquer et manquer c'est souffrir.

■ Une satisfaction impossible : Gabrielle et Lynette

Parfois pourtant, on obtient ce que l'on veut et on a de quoi satisfaire tous ses désirs. Mais on n'est pas plus heureux pour autant, comme le dit Gabrielle à John, son amant, en lui expliquant pourquoi elle s'est mariée :

– « *Well, he promised to give me everything I've ever wanted.*
– *And did he?*
– *Yes*
– *then why aren't you happy?*
– *It turns out I wanted all the wrong things*[2]. » (1x1)

---

1. « Je ne supporte plus de vivre comme dans une publicité pour un produit ménager. »
2. « – Eh bien, il m'a promis de m'offrir tout ce dont je rêvais
– Et il l'a fait ?
– Oui
– Alors pourquoi n'êtes vous pas heureuse ?
– Il se trouve que je voulais les mauvaises choses. »

Comment comprendre que la satisfaction de ses désirs ne rende pas heureux ? En quoi les choses désirées étaient-elles mauvaises ?

Reprenons la lecture de Schopenhauer : « *Mais que la volonté vienne à manquer d'objet, qu'une prompte satisfaction vienne à lui enlever tout motif de désirer, et les voilà tombés dans un vide épouvantable, dans l'ennui.* » La logique est implacable : une fois obtenu ce que l'on désirait, s'ensuit nécessairement un ennui insupportable. Désirer « *tient en mouvement* », crée de l'agitation et dispose à l'action ; mais comme toutes choses réelles, le bref plaisir de la possession de l'objet désiré, ne dure pas et l'on tombe dans l'ennui. Quand bien même, on se serait arrangé pour être à peu près durablement à l'abri du besoin, comme l'ont fait, sur le plan matériel, nos quatre héroïnes, rien ne peut mettre à l'abri de l'ennui, pas même une nouvelle paire de chaussures ou le fait de prendre un amant. Gabrielle croit qu'elle a désiré les mauvaises choses, mais en réalité son erreur est d'avoir cru que l'on pouvait satisfaire des désirs et faire dépendre son bonheur d'une telle satisfaction.

Telle est la contradiction d'une impossible satisfaction : quand l'objet manque, on en souffre et l'on fait tout pour l'avoir, et quand il est là, on s'en lasse rapidement et on en vient à regretter le temps où il manquait et où sa recherche animait l'existence. Inéluctablement, de nouveaux désirs surgissent pour « *fuir l'ennui* » et la souffrance revient. Lorsque Lynette a décidé de s'arrêter de travailler, elle le faisait parce qu'elle voulait être une bonne mère et qu'elle pensait que cela l'exigeait. Mais la voilà qui passe ses journées auprès de ses enfants et qui regrette le temps où elle travaillait.

La racine du pessimisme philosophique de Schopenhauer réside donc dans cette contradiction du mouvement et du repos de l'existence qui rend impossible toute satisfaction réelle. Pour être complètement satisfait, il faudrait ne plus désirer. Mais ne plus désirer, ne plus rien vouloir, ce serait du même coup ne plus vivre, puisque la vie est essentiellement un vouloir. La cause du malheur de l'homme est donc inscrite au cœur de son existence et c'est ce qui le condamne inextricablement au désespoir.

■ L'amitié : ultime tentation du désespoir

N'y a-t-il pas cependant des choses qui échappent à cette contradiction ? L'amitié que partagent Bree, Susan, Gabrielle et Lynette n'est-elle pas de ces liens susceptibles d'apporter une satisfaction durable ? De fait, au fil des épisodes et malgré quelques conflits, leur amitié semble finalement être leur seule source de réconfort. Mais la réalité de cette amitié n'est qu'une façade. On le comprend dès le premier épisode, par l'incompréhension que suscite le suicide de Mary Alice chez ses voisines et amies. Aucune d'entre elles ne s'est douté de quoi que ce soit et n'a perçu le désespoir de celle qu'elles considéraient pourtant comme leur amie. L'amitié n'est qu'un faux remède car elle ne s'explique, au fond, que par le désir de « *fuir l'ennui* ». Comme l'écrit un peu plus loin Schopenhauer, l'ennui a en effet « *assez de force pour amener des êtres qui s'aiment aussi peu que les hommes, à se rechercher malgré tout ; il est le principe de la sociabilité* ». N'est-ce pas ce qui pousse Edie à se lier à ses voisines alors qu'elles ne l'apprécient guère ?

L'illusion s'effondre : Wisteria Lane, comme modèle d'un voisinage idéal de gens heureux, n'est que le refuge d'une classe sociale désespérée parce que, pensant s'être mise à l'abri du besoin, elle découvre le « *vide épouvantable* » de leur existence.

À bien lire Schopenhauer, on comprend que l'existence humaine est inéluctablement vouée au désespoir, ou, plus précisément, à la déception. Les espoirs sont inévitablement déçus, car aucune satisfaction n'est plus forte que l'ennui qu'elle engendre.

Mais un tel constat n'est-il pas en même temps le premier pas de la sagesse ? Et la sagesse elle-même n'est-elle pas un idéal de sérénité face aux malheurs de l'existence ?

Du désespoir à la béatitude : la sagesse en question

Dans son *Traité du désespoir et de la béatitude*, Comte-Sponville, un philosophe contemporain, remarque, en s'appuyant sur la philosophie d'Épicure, que le désespoir n'est pas le tombeau de toute vie heureuse. « *Il faut commencer par le désespoir* », écrit-il, car espérer c'est attendre et « *le bonheur commence lorsqu'on ne l'attend plus* ». Tant qu'on espère, on continue de désirer et on ne sort pas de la contradiction mise en évidence par Schopenhauer. Alors que si l'on n'attend plus rien, si l'on est *désespéré* au sens strict, au moins ne sera-t-on plus déçu par la réalité. Il faut donc travailler à connaître cette contradiction de l'espoir qui traverse l'existence humaine pour ne plus en souffrir. Pour cela il faut devenir sage, c'est-à-dire se libérer des imaginations et des rêves que nous entretenons dans l'espoir d'une vie meilleure, et connaître clairement les conditions de l'existence humaine. Acquérir cette lucidité, selon Comte-Sponville, qui reprend ici un des grands principes de la philosophie antique, est le propre d'une philosophie qui est aussi une sagesse. Mais n'est-elle pas aussi le propre d'une fiction comme *Desperate Housewives?* La voix de Mary Alice n'est-elle pas précisément cette voix de la lucidité, revenue de tout espoir? En mettant en scène les espoirs déçus de ses voisines et amies, Mary Alice fait œuvre d'édification: elle engage à ne plus avoir d'espoir et montre à chacun le tragique de l'existence. Du point de vue de sa construction, chaque épisode a la forme d'une élucidation: Mary Alice introduit le thème/il est illustré par un ensemble d'événements/puis elle conclut en tirant une leçon. L'art de la fiction rejoint la philosophie et devient l'instrument d'une certaine lucidité. Ainsi Mary Alice conclut-elle la saison 2 des aventures de ses voisines par la remarque suivante, que ne renierait pas Épicure: « *The trick is to keep moving forward to let go the fear and the regrets that slow us down and keep us from enjoying a journey that would be over to soon*[1] » (2x24).

Bien que tous les hommes désirent être heureux, cela ne signifie pas pour autant qu'il suffise de le vouloir pour être effectivement heureux. De fait, le bonheur est un problème tant qu'il est conçu comme dépendant de la satisfaction des désirs, car il court le risque d'être confondu avec le bien-être matériel et d'être toujours rejeté dans l'avenir incertain de l'espoir. Dénoncer cette double illusion, comme le fait le pessimisme, conduit cer-

1. « *Ce qu'il faut, c'est continuer à avancer, se libérer de la peur et des regrets qui nous freinent et nous empêchent de savourer un voyage qui ne s'achèvera que trop tôt.* »

tes au désespoir, mais non pas à l'impossibilité de toute vie heureuse. Ici s'ouvre le long chemin de la sagesse.

Ainsi, s'il était révolutionnaire de reconnaître un droit inaliénable de rechercher le bonheur – comme l'ont fait les pères de l'indépendance américaine – en regardant *Desperate Housewives*, on ne peut s'empêcher de penser que c'était aussi désespérément naïf.

Références

Titre original	*Desperate Housewives*
Titre français	*Desperate Housewives*
Créée par	Marc Cherry, Charles Pratt Jr
Nombre de saisons	4 – 87 épisodes
1re diffusion	2004 (USA), 2005 (France)
Vidéographie (zone 2)	1 coffret DVD par saison (1 à 4) Buena Vista Home Entertainment Inc & Touchstone Television.

À quoi bon travailler pour devenir chirurgien si c'est si difficile?

GREY'S ANATOMY

✓ Le travail

« *Regardez autour de vous et dites bonjour à la compétition : 8 d'entre vous choisiront une spécialité plus facile, 5 craqueront sous la pression et 2 seront priés de partir ; vous êtes sur la ligne de départ* » (1x1)

Interne au Seattle Grace Hospital : une chance ou une malédiction ?

Quand il a fallu punir les hommes de leur désobéissance, le Dieu de la Bible leur a infligé le travail : le travail de l'accouchement pour Ève et toutes les femmes et le travail de la terre pour Adam et tous les hommes. Si on peut en faire une punition, c'est que le travail a tous les traits de l'activité pénible : il prend du temps, il est fatigant puisqu'il demande des efforts et il est difficile de s'y soustraire, à moins d'accepter une situation souvent plus pénible encore. Le travail s'impose donc, semble-t-il, comme une limite à la liberté de l'individu : une activité où l'on perd quelque chose de soi…

Les jeunes internes qui découvrent le Seattle Grace Hospital, dans le premier épisode de *Grey's anatomy*, font d'emblée l'expérience de la pénibilité du travail de médecin. Pendant leur première garde de 48 heures, rien ne leur sera épargné : en plus des humeurs de leurs supérieurs, il leur faut s'adapter à un univers tout à fait nouveau, montrer leur compétence, affronter les questions des familles et faire connaissance avec le cynisme, l'échec ou la mort. Avant de prendre son rythme de série hospitalière romantico-psychologique, *Grey's anatomy*, dans ses 5 premiers épisodes met en scène le principal rite de passage pour les jeunes gens des sociétés modernes : l'entrée dans la vie active. Comme le dit le docteur Richard Webber, le chef de chirurgie, aux internes qu'il accueille : « *Les sept ans que vous passerez ici en tant que résidents de chirurgie seront les pires et les meilleurs de votre vie, on vous poussera à dépasser vos limites* » (1x1). On comprend rapidement en quoi ces années pourront être les pires de leur vie : il s'agit précisément de se mettre au travail, de passer des études à la pratique, de la connaissance à l'action et de la réflexion au risque. Pour Meredith et ses co-internes, l'apprentissage est pénible et souvent générateur de déception. Certains, comme Georges, vont jusqu'à douter de leur vocation de chirurgien.

En même temps, cette compétition de l'apprentissage les pousse à donner le meilleur d'eux-mêmes. Chacun des internes se trouve obligé de puiser au fond de lui des ressources insoupçonnées pour être à la hauteur du travail qu'on attend de lui. C'est en cela que ces années s'annoncent aussi comme de bonnes années : chaque interne change et se révèle à lui-même à mesure qu'il apprend son travail. Loin de se réduire à une seule activité pénible, le travail qu'il découvre est aussi un facteur d'épanouissement. Comment comprendre, donc, que le travail puisse être à la fois pénible et épanouissant, et qu'il puisse allier effort et plaisir, nécessité et liberté ?

Le travail comme asservissement

L'ordre dans lequel apparaît le travail est d'abord celui de la nécessité. Si l'on a parfois la liberté de choisir son travail, on a en revanche rarement le choix de travailler ou non, puisqu'en dernier ressort, il s'agit toujours de trouver un moyen de subvenir à ses besoins. Mais plus encore, même dans le travail que l'on choisit, comme celui de chirurgien par exemple, on se heurte toujours à un ordre contraignant qui réduit l'initiative individuelle et soumet la volonté à l'efficacité, c'est-à-dire à la nécessité de l'obtention du but à produire. Travailler, c'est essentiellement dépenser une énergie pour parvenir à un but, mais sans que l'on puisse le faire de la manière que l'on veut. Manque de chance, ces contraintes, Meredith et ses camarades co-internes les subissent d'autant plus que le médecin résident auprès duquel ils sont affectés, le docteur Bailey, est surnommé « le tyran », et qu'avant même de leur dire bonjour elle énonce les cinq règles essentielles de leur future collaboration. Tout se passe donc comme si en prenant ces postes, les jeunes internes se trouvaient ravalés au rang d'esclaves, asservis non seulement à des maîtres tout-puissants – les médecins titulaires –, mais aussi un à système tout entier – l'hôpital – dont les cadres normatifs se justifient d'autant plus que le but à produire est important : sauver des vies et éviter des morts.

Devant un tel encadrement de l'action individuelle, le philosophe Nietzsche (1844-1900) pouvait poser le constat suivant dans son livre *Aurore* : « *Au fond, on sent aujourd'hui, à la vue du travail – on vise toujours sous ce nom le dur labeur du matin au soir – qu'un tel travail constitue la meilleure des polices, qu'il tient chacun en bride et s'entend à entraver puissamment le développement de la raison, des désirs, du goût de l'indépendance.* » Le travail tue l'individualité de l'homme en récupérant l'énergie qu'il pourrait mettre à son service, au service d'un but socialement défini comme utile. La priorité n'est plus de satisfaire ses propres désirs, mais de les contrarier pour permettre la satisfaction d'impératifs sociaux, d'où le caractère pénible du travail. Toutes les procédures, les cadences, les modèles qu'il faut suivre dans n'importe quel travail disciplinent l'individu et facilitent le contrôle de son action et l'évaluation de son efficacité. Pratiquement, le détournement s'effectue par l'imposition d'un apprentissage brutal de règles à suivre et s'accompagne d'une « *glorification du travail* », dont le petit discours du chef Webber, au début du 1er épisode, serait un bon exemple. Ainsi, à en croire Nietzsche, le travail des hommes est bien leur plus grande malédiction, car il s'applique à eux comme un immense instrument de contrôle de leur individualité. En travaillant, les hommes ne peuvent pas faire autrement qu'y perdre le meilleur d'eux-mêmes.

Mais si tout travail transforme bien l'individu en soumettant son action à un impératif de production, cette transformation est-elle vraiment une destruction ? Le contrôle qu'il implique n'est-il pas qu'un moment donné, dans un processus de formation plus large ? Certes pour Meredith, l'apprentissage est douloureux. Mais n'est-ce pas aussi cette soumission aux règles et aux exigences de son travail qui lui permet, par la suite, à elle comme aux autres, de progresser et de révéler ses talents personnels ?

Le travail comme processus de socialisation

Étudiant les aspects psychosociaux de la vie de travail, le psychosociologue Gustave-Nicolas Fischer remarque, à propos de l'entrée dans un nouveau travail que : « *Les rites initiatiques consistent à placer généralement le nouveau venu dans une position inconfortable ; ce qui est visé, c'est une déstabilisation et une remise en question pour adhérer au fonctionnement de l'entreprise ; à travers ces processus, le nouveau abandonne ses rôles antérieurs et se construit une nouvelle identité*[1] [...]. » C'est exactement ce qui arrive à Meredith et à ses amis : ils se trouvent obligés d'abandonner leur rôle d'étudiant, pour devenir des médecins en passant par le stade initiatique inconfortable d'interne. À travers cet apprentissage de leur travail, se joue une initiation plus fondamentale, puisqu'il s'agit de dire adieu à l'insouciance de la jeunesse et de devenir un adulte responsable[2]. En même temps que l'adaptation détruit une certaine individualité spontanée – *je ne fais plus ce que je veux lorsque je travaille* – ou antérieure – *je ne peux plus faire comme je faisais dans mon travail précédent* –, elle ne manque pas, dit Fischer, d'en constituer une autre. Cette nouvelle identité construite par le travail est d'abord le résultat de l'apprentissage d'un nouveau rôle social, c'est-à-dire d'un ensemble de comportements et de codes qui correspondent à la définition sociale de tel ou tel travail. Les jeunes héros de *Grey's*

1. Fischer G.-N., *La psychologie sociale*, Seuil, Paris, 1997, p. 346-347.

2. Comme le remarque Meredith au début de l'épisode 5 : « *L'âge adulte c'est avoir des responsabilités. Les responsabilités... ça craint ! Ça craint vraiment. Les adultes doivent être à des endroits, faire des choses, gagner leur vie, payer le loyer... Mais quand vous êtes interne en chirurgie, tenir un cœur entre vos mains, ça c'est une sacrée responsabilité.* »

anatomy répètent souvent, par exemple : « *Je suis chirurgien* », comme pour s'approprier ce nouveau rôle qu'ils sont en train d'apprendre. Mais l'apprentissage de ce rôle n'est pas seulement, comme au théâtre, une modification extérieure de leur comportement. Plus profondément, derrière les contraintes et les règles de l'apprentissage technique du métier, le travail qu'ils font chaque jour, loin de tuer leur individualité comme le pensait Nietzsche, la renforce et la révèle. Comment expliquer une telle transformation ? Que gagne-t-on vraiment à travailler ?

Le travail comme formation de soi

Prenant le chirurgien en exemple, avec les marins et les pompiers, le philosophe Alain (1868-1951) pense le travail comme une épreuve répétée qui révèle le caractère et permet ainsi à l'individu de s'approprier son identité personnelle, comme on peut le lire dans l'extrait suivant :

> « *Qui ne reçoit pas d'ordres et qui ne participe pas à un ordre agissant ne saura jamais ce qu'il peut. J'ai lu le récit d'un sauvetage en mer, dangereux et presque impossible, et qui commençait d'étonnante façon. Les marins du bateau de secours étaient au cabaret, occupés à chanter et à boire, bien loin de tout héroïsme. La porte s'ouvre ; quelqu'un annonce qu'un bateau est en péril. Ils se lèvent, ils courent, et sont l'instant d'après à leur beau travail. C'est être assuré de soi. Le chirurgien ou le pompier, de même ; vifs et prompts, sans aucun genre de doute.* [...] *En ces sommations du métier, le caractère s'apparaît à lui-même, mais surmonté, mais relevé, mais redressé. Le courage, dans le sens plein, naît de ces expériences. Car les apparences invitent fortement l'homme à redescendre ; mais en revanche le métier le frappe tous les jours aux mêmes points ; l'épreuve le consacre. Celui-là, quand il dit moi, dit quelque chose. Et, puisque la corrélation est évidente entre individu et société, il faut appeler individu le caractère élevé et mis en forme par le métier ou la fonction.* »

Alain, *Les idées et les âges*, livre IX, chapitre 3, « L'individu ».

■ Le métier est une épreuve qui consacre le caractère...

Que signifie avoir un métier? Comme Alain l'explique dans ce texte, travailler est une « *épreuve* » qui « *frappe tous les jours aux mêmes points* ». Le travailleur reçoit des ordres – « *des sommations* » – qui lui fixent des buts et qui le forcent donc à faire preuve de volonté pour les atteindre. La première réalité du travail est donc bien celle de la contrainte et de l'effort. Mais cette contrainte est formatrice : à mesure qu'elle se répète, elle forge le caractère au sens strict. Elle donne l'occasion à la volonté de se développer et de s'endurcir. Nietzsche avait donc raison sur un point : le travail exerce un contrôle sur les désirs de l'individu. Mais il n'envisageait peut-être pas que ce contrôle puisse aussi servir à mettre de l'ordre dans la volonté individuelle en lui apprenant à se tenir à des buts et à les atteindre. À travers les épreuves qu'impose tout métier, le travailleur prend conscience de « *ce qu'il peut* », c'est-à-dire de sa capacité à agir, et singulièrement à agir efficacement. À force d'être sans cesse rappelés à leur devoir de médecin, les jeunes internes du Seattle Grace Hospital puisent en eux les ressources qui leur permettent de devenir effectivement des médecins. La régularité, la détermination et l'assurance sont alors les principaux fruits de cette élévation du caractère qu'entraîne l'exercice d'un métier.

■ ... et qui permet de s'approprier son identité personnelle

En forgeant le caractère, le métier touche au plus profond de la personne en donnant du sens à ce que l'on est, comme on le comprend à travers cette expression un peu étrange située à la fin de l'extrait : « *Celui-là, quand il dit moi, dit quelque chose.* » Si l'on dit quelque chose quand on parle de soi, c'est que l'individualité a gagné en consistance. Comme on l'a vu plus haut, à travers les efforts exigés par son métier, le travailleur prend conscience de ce dont il est capable. Cette première prise de conscience en cache une seconde plus fondamentale encore : celle de son propre être. « *Je travaille donc je suis* » pourrait être le résumé de cette révélation profonde.

Lorsqu'il travaille, l'homme ne fait pas que produire ce dont il a besoin, il travaille toujours aussi sur lui-même et ainsi se produit lui-même comme individu humain. Pour les animaux, tout entiers soumis à la puissance de leurs instincts, ce qu'ils sont, leur être, détermine ce qu'ils font, leur agir. Alain, montre ici que, pour l'homme, le rapport s'inverse : dès lors qu'il travaille, ce qu'il est, son être, est forgé par ce qu'il fait, son agir. La puissance des instincts laisse sa place à celle de la liberté et l'individu, qui se trouve, selon la belle expression du philosophe, « *assuré de soi* », en pleine possession de lui-même.

Il arrive cependant que le déséquilibre des conditions économiques et sociales du travail réduise sa dimension libératrice parce qu'elle en limite la portée formatrice. L'ouvrier au statut précaire ou l'enfant exploité à l'usine ont beau être à l'épreuve chaque jour, celle-ci ne les « *relève* » pas : les conditions de leur travail consistent justement en une élimination de toute reconnaissance. Mais au-delà de la question de ses conditions, le travail se comprend finalement comme une réalité à double tranchant : il est tout à la fois une nécessité qui s'impose à l'homme et l'instrument de sa libération.

Rien de mieux alors qu'une série pour mettre en scène les premiers pas professionnels de jeunes internes en médecine. La succession des épisodes permet en effet de multiplier les épreuves et d'observer les changements qu'elles entraînent chez chacun. Leur travail est d'autant plus difficile que c'est aussi sur eux-mêmes qu'ils travaillent, jusqu'à découvrir la nouvelle force de leur caractère.

Références

Titre original	*Grey's anatomy*
Titre français	*Grey's anatomy, à cœur ouvert*
Créée par	Shonda Rhimes
Nombre de saisons	5 – 90 épisodes
1re diffusion	2005 (USA), 2006 (France)
Vidéographie (zone 2)	1 coffret DVD par saison (1 à 4) Buena Vista Home Entertainment Inc.

L'histoire de *Rome* raconte-t-elle vraiment l'histoire de Rome ?

ROME

✓ L'histoire

> « *On veut que la série soit la plus authentique possible au niveau historique* »
>
> (Bonus « À l'époque de Rome »)

De la petite histoire à la grande histoire

Malgré sa qualité, unanimement reconnue tant par les historiens que par les journalistes et le public, la série *Rome* fut arrêtée au bout de deux saisons. La production la plus chère de l'histoire de la télévision ne survécut pas à l'incendie de ses décors. Si *Rome* a coûté si cher, c'est qu'elle entretenait l'ambitieux projet de reconstituer le plus fidèlement possible un moment de l'histoire de la Rome antique. *Rome* serait donc exceptionnelle parce que c'est d'abord et avant tout une série historique. Mais toutes les séries ne sont-elles pas historiques à leur manière, toutes ne racontent-elles pas des histoires ?

Distinguons : toutes les séries racontent des histoires inventées par des scénaristes. Ce sont des fictions qui mettent en scène des actions imaginaires. *Rome* raconte des événements passés qui se sont réellement déroulés et qui font partie de ce qu'on appelle l'histoire des hommes. Il y a donc l'histoire que l'on raconte, inventée ou non, l'histoire dont chaque homme a conscience et dans laquelle il vit, et puis l'histoire des historiens.

Un seul mot pour désigner le récit, le cours des événements, et la connaissance de ce cours des événements.

Rome prétend donc faire de l'histoire en nous montrant des personnages faire l'histoire. Immanquablement, un tel projet conduit à une double question : qu'est-ce que *faire de l'histoire* ? Et qu'est-ce que *faire l'histoire* ?

Faire de l'histoire : l'histoire est-elle une science ?

Bien que le cadre général de la série respecte le cours des événements qui se sont passés depuis la victoire de Jules César à Alésia en 52 av. J.-C jusqu'au suicide de Marc Antoine et de Cléopâtre en 30 av. J.-C., Jonathan Stamp, le conseiller historique de la production, reconnaît que certains personnages ont été adaptés et d'autres inventés. *Rome* donc est une série qui mélange l'histoire et la fiction. Lucius Vorenus et Titus Pullo par exemple, les deux personnages de légionnaires à travers lesquels se fait une bonne partie du récit, ont réellement existé. Ils sont mentionnés dans le récit que César fait de ses guerres en Gaule[1]. Mais César précise qu'ils sont tous les deux centurions et plus rivaux qu'amis, bien qu'ils se soient respectivement sauvé la vie. Rien n'indique ensuite qu'ils aient continué à avoir des rapports avec César. Or dans la série, seul Vorenus est centurion, tandis que Pullo est un simple légionnaire, et leurs destins vont régulièrement croiser celui du futur empereur. Alors que penser ? Qu'est-ce qui distingue vraiment le récit historique des récits fictionnels ? Qu'est-ce que faire de l'histoire ? En quoi consiste le travail de l'historien ?

Quoi de mieux pour répondre à cette question que de lire les réflexions d'un historien sur son propre travail. Dans le texte suivant, Henri-Irénée Marrou, un historien français, spécialiste de l'Antiquité tardive, explique que faire de l'histoire n'a rien à voir avec le fait de raconter des histoires, puisqu'il s'agit pour l'historien de se soucier de la vérité de ce qu'il raconte.

> « *Qu'est ce donc que l'histoire ? Je proposerai de répondre : l'histoire est la connaissance du passé humain.*[...]

1. César, *La Guerre des gaules*, V, 44.

[...] l'histoire se définit par la vérité qu'elle se montre capable d'élaborer. Car en disant connaissance, nous entendons connaissance valide, vraie : l'histoire s'oppose par là à ce qui serait, à ce qui est représentation fausse ou falsifiée, irréelle du passé, à l'utopie, à l'histoire imaginaire [...], *au roman historique, au mythe, aux traditions populaires ou aux légendes pédagogiques* [...]. *Sans doute cette vérité de la connaissance historique est-elle un idéal, dont, plus progressera notre analyse, plus il apparaîtra qu'il n'est pas facile à atteindre : l'histoire du moins doit être le résultat de l'effort le plus rigoureux, le plus systématique pour s'en rapprocher. C'est pourquoi on pourrait peut-être préciser utilement « la connaissance scientifiquement élaborée du passé »* [...]. *Précisons donc (il faut parler grec pour s'entendre) que si l'on parle de science à propos de l'histoire c'est non au sens d'epistémè mais bien de tekhnè, c'est-à-dire, par opposition à la connaissance vulgaire de l'expérience quotidienne, une connaissance élaborée en fonction d'une méthode systématique et rigoureuse, celle qui s'est révélée représenter le facteur optimum de vérité. »*

Henri-Irénée Marrou, *De la connaissance historique*, Seuil « Points », 1975, p. 29-31

■ Un souci de vérité...

Tant que les hommes n'ont pas de connaissance vraie de leur passé, ils se racontent des histoires, comme les légendes, les mythes ou les fables, pour combler le vide de leur ignorance et produire des explications satisfaisantes de leur situation présente. Ces formes de récit obéissent donc plus à un besoin de croire qu'à un souci de vérité. Or Marrou définit justement l'histoire de l'historien « *par la vérité qu'elle se montre capable d'élaborer* », dans sa connaissance du passé. Mais comment s'y prendre pour atteindre cette vérité du passé ?

L'historien met en œuvre une « *méthode systématique et rigoureuse* », il mène une enquête pour recueillir les traces du passé qu'il veut connaître, comme les archives, les documents ou les témoignages humains ou matériels. Il n'hésite pas à recourir à des techniques annexes permettant d'obtenir des informations toujours plus précises, par exemple la technique de la datation au carbone 14. Pour Marrou, ce souci de la méthode, lié au souci de vérité, permet de considérer l'histoire comme une science, c'est-à-dire comme une connaissance *technique* par opposition à la connaissance *commune* de tous les jours. Mais Marrou reconnaît aussi que la vérité historique est un idéal qui se révèle d'autant plus difficile à atteindre que l'on progresse dans son analyse. Quelles sont donc les difficultés propres à la constitution de la connaissance historique ?

■ ... mais confronté au problème de l'objectivité

Le problème de l'historien, c'est l'objectivité de la connaissance qu'il élabore. À la différence du physicien et du biologiste qui étudient des faits existants qu'ils peuvent manipuler ou recréer en laboratoire, l'historien étudie des faits qui n'existent plus et dont, par conséquent, l'objectivité manque. Comment donc reconstituer des faits passés sans tomber dans le récit imaginaire ?

L'historien qui a supervisé l'écriture de *Rome* explique que leur travail a été guidé par de nombreux documents. Les graffitis que les décorateurs reconstituent sur les murs de la ville, par exemple, sont directement repris et adaptés de ceux que l'on a retrouvés sur les murs de Pompéi. De même le suicide de Caton, que l'on voit dans le 9e épisode, est attesté par Plutarque, un historien grec du Ier siècle ap. J.-C. Mais les sources elles-mêmes sont le produit d'une histoire, et à ce titre, leur objectivité, c'est-à-dire, ici, leur impartialité, pose toujours problème. Comme le remarque brutalement la philosophe Simone Weil (1909-1943) : « *L'histoire n'est pas autre chose qu'une compilation des dépositions faites par les assassins relativement à leurs victimes et à eux-mêmes*[1]. » Les sources dont disposent les historiens sont elles-mêmes le produit de l'histoire et généralement, en cas de guerre, les vainqueurs s'arrangent pour imposer leur version des faits. Ainsi si l'on dispose des commentaires de César sur les guerres qu'il menât en Gaule, on ne dispose pas de la version des vaincus, celle des tribus gauloises.

---

1. Weil S., *L'enracinement*, Gallimard, 1949, p. 284.

Le travail de l'historien consiste alors à déployer une méthode rigoureuse d'étude critique de ces documents, ce qui aboutit selon le philosophe Paul Ricœur (1913-2005) dans son livre *Histoire et vérité*[1], à « *élaborer une conduite d'objectivité d'un type propre, mais irrécusable* [...] ». En interrogeant les traces du passé, en forçant les documents à parler, l'historien « *élève la trace à la dignité de document signifiant, et élève le passé lui-même à la dignité de fait historique.* » L'objectivité du passé ainsi reconstitué est « *une œuvre de l'activité méthodique* » ce qui signifie qu'elle est le résultat d'une analyse critique de la raison, et non d'une simple invention de l'imagination ou d'une intuition personnelle. Tant qu'elle reste sous le règne de la raison critique, la connaissance historique est bien scientifiquement élaborée. L'historien retrouve les faits dont l'objectivité naît de l'interrogation critique des documents qu'il interroge. Parce que cette objectivité n'est que critique, la vérité historique reste une vérité idéale. Mais le problème de l'objectivité en histoire ne se réduit pas à une simple question de méthode. Plus fondamentalement, l'histoire est une science un peu particulière : l'objet étudié et le sujet qui étudie sont de même nature – tous les deux sont des hommes –, rendant impossible l'objectivité que l'on attribue d'habitude aux sciences de la nature.

L'histoire : une science qui n'explique pas mais qui cherche à comprendre

Reprenons l'exemple de la biologie ou de la physique. Pour la plupart des gens, ces sciences sont objectives parce qu'elles étudient des objets dont la nature est différente de celle des scientifiques qui les étudient. Ainsi il y a, théoriquement, peu de risque que les connaissances qu'elles délivrent appartiennent au sujet qui les établit. Elles renvoient plutôt aux qualités de l'objet étudié.

Une telle différence de nature permet au physicien ou au biologiste d'expliquer les faits qu'ils étudient, c'est-à-dire d'en identifier la cause en montrant que le fait étudié n'est qu'un cas particulier dépendant d'une loi

1. Paul Ricœur, *Histoire et vérité*, Paris 1955, éd. du Seuil, coll. « Esprit ».

générale régissant tous les faits d'une même nature. De son côté l'historien n'explique pas les événements qu'il étudie, mais il cherche plutôt à les comprendre, selon la distinction faite par le philosophe américain Dilthey (1833-1911) entre ces deux méthodes de connaissance que sont l'*explication* et la *compréhension* et qui commande selon lui la distinction entre les « sciences de la nature » et les « sciences humaines ».

L'histoire est une science humaine, car les faits qu'elle étudie sont des actions humaines et des intentions. Dès lors le travail de l'historien consiste à comprendre ces actions, c'est-à-dire non pas en déduire la cause à partir d'une loi générale, mais en élucider le sens, en comprendre la raison. L'histoire est donc une science qui interprète le sens des actions passées en les rapportant à l'ensemble dans lequel elles s'inscrivent. Mais de la même façon qu'en musique le bon interprète respecte totalement la partition tout en y mettant de sa sensibilité, en histoire le bon historien respecte les documents tout en proposant une compréhension qui dépend aussi de sa sensibilité et de sa situation historique particulière. Comme le reconnaissait le grand historien de la Révolution française, François Furet : « *Il n'y a pas d'interprétation historique innocente, et l'histoire qui s'écrit, est encore dans l'histoire, de l'histoire*[1] [...]. » L'historien n'est pas, comme le physicien ou le biologiste, extérieur à l'objet qu'il étudie, mais il est inéluctablement, dans l'histoire, c'est-à-dire inscrit lui-même dans une réalité historique. Telle est la condition qui empêche l'histoire d'être une science objective. L'interprétation dépend inéluctablement d'une situation historique.

Bien qu'impliquant tous les deux la subjectivité de leur auteur, ce qui distingue le récit historique du récit fictionnel, c'est que le premier n'est jamais achevé, n'est jamais définitif, car il peut toujours progresser vers plus de vérité, c'est-à-dire progresser vers plus de précision dans la manière dont on élucide l'événement en fonction de son contexte. Le premier, le récit historique, repose sur l'emploi d'une raison critique, tandis que le second, le récit fictionnel, fait appel à l'imagination. Dire que *Rome* est une

1. François Furet, *Penser la Révolution française*, éd. Gallimard, coll. « Folio », p. 13-14.

série historique c'est donc convenir que le récit fictionnel qu'elle déploie est largement subordonné à un récit historique qui se fonde lui-même sur une interprétation critique des sources disponibles sur la période. Certes aucune source n'indique que Lucius Vorenus ait été fait sénateur par César. Mais l'arrivée de César au pouvoir fut l'occasion de tels bouleversements des équilibres sociologiques, entre praticiens et plébéiens, que la nomination d'un homme du peuple à ce titre est tout à fait vraisemblable.

Faire de l'histoire revient donc à proposer une interprétation critique du passé permettant de progresser dans la compréhension des actions de ceux qui ont fait l'histoire. Mais précisément qu'y a-t-il à comprendre ? Qu'est-ce qu'une action historique ?

Faire l'histoire ou qu'est-ce qu'un héros ?

Tout le monde a entendu parler, de près ou de loin, de Jules César. Ses actions ont été mises en mémoire, conservées et consacrées comme des actions « historiques ». Personne en revanche, mis à part quelques lecteurs érudits de l'intégralité de la *Guerre des Gaules*, n'avait connaissance de Vorenus et de Pullo. Devant le tribunal de l'histoire, toutes les actions ne se valent pas et certaines seraient plus « historiques » que d'autres. En décidant de mettre en parallèle l'action des grandes figures que sont César, Brutus, Marc Antoine ou Pompée, et celle de simples légionnaires comme Vorenus et Pullo, les scénaristes de *Rome* sous-entendent pourtant clairement que tous les hommes font l'histoire et non pas seulement ceux que l'histoire a retenus.

Avec ce parti pris narratif, *Rome* donne à réfléchir sur la place de l'action humaine dans la réalité historique : pourquoi certains hommes, comme César, deviennent-ils des héros dont on se souvient de l'action à travers les siècles ? Qu'est-ce qu'une action historique ? Tous les hommes, à leur niveau, ne participent-ils pas à l'histoire, comme semble le montrer la série ?

À la différence des autres êtres vivants naturels, les hommes ont une histoire parce qu'ils ont conscience du temps qui passe et qu'ils disposent d'une liberté d'action. Un arbre n'a pas d'histoire, parce qu'il devient ce qu'il doit être, c'est-à-dire un arbre, dès que la graine en est plantée. Si donc l'histoire est une affaire humaine, c'est qu'elle repose sur la liberté qu'ont les hommes d'agir : ils sont les auteurs de l'histoire dans laquelle ils vivent. Mais pourquoi certains le sont-ils alors plus que d'autres ? Comment expliquer que l'histoire se souvienne plus d'un César que d'un Pullo ?

Le philosophe Hegel (1770-1831) explique qu'il ne suffit pas d'avoir de grandes ambitions et beaucoup de courage pour être un grand homme ou un héros. Il ne suffit pas non plus de se trouver, par hasard, au bon endroit et au bon moment. Non, le grand homme est bien plutôt celui qui, de son temps, a pressenti la direction qu'allaient prendre les événements. Dans ses *Leçons sur la philosophie de l'histoire*, Hegel explique que l'histoire des hommes a un sens. Inspiré par l'idée chrétienne de Providence, il fait l'hypothèse que derrière l'imprévisibilité des événements et des actions humaines, il y a une nécessité du cours de l'histoire. Chaque époque serait une étape vers la réalisation universelle de la Liberté. Que signifie alors agir dans l'histoire ? Pour Hegel les « *grands hommes de l'histoire sont ceux dont les fins particulières renferment le facteur substantiel qui est la volonté du génie universel* ». Un homme marque son temps quand le but particulier qu'il poursuit en agissant correspond au sens de l'histoire, ce qu'Hegel appelle le « *génie universel* ». Telle est la ruse de la Raison historique : se réaliser à travers les passions particulières de certains hommes. Quand César veut renverser la République romaine il satisfait un intérêt particulier – prendre le pourvoir – et en même temps il sait que c'est ce que réclame l'époque, « *ce dont* le moment est venu », même s'il n'a pas conscience du but ultime de l'histoire. Lisons ce qu'en dit Hegel :

> « *César luttait pour assurer sa position, son honneur, sa sécurité ; et sa victoire sur ses ennemis dont la puissance consistait en la domination sur les provinces de l'Empire romain, fut aussi la conquête de tout l'empire ; il devint ainsi sans toucher à la forme de la constitution, le maître individuel de l'État. Ce que lui valut l'exécution de son plan tout d'abord négatif,*

d'être le seul maître à Rome, était aussi en soi une détermination nécessaire dans l'histoire de Rome et du monde, en sorte qu'il n'y eut pas là seulement un gain particulier, mais un instinct qui accomplit ce qu'en soi le temps réclamait. »

Hegel, *Leçons sur la philosophie de l'histoire*, Introduction. Vrin, 1963, trad. J. Gibelin, p. 35.

César est un grand homme, car son action personnelle est aussi dans le même temps une « *détermination nécessaire de l'histoire* » : elle va dans le sens de l'histoire. Comme les héros, il est un être hors du commun parce qu'il fait avancer, sans le savoir, l'humanité vers son destin historique, c'est-à-dire qu'il lui fait franchir une étape de plus vers la réalisation universelle de la liberté. En renversant une république aux mains de quelques familles corrompues, qui prétendaient représenter le peuple, César renverse un ordre social et politique injuste et jette les bases d'un ordre politique qui tienne compte de tous les peuples ralliés.

Hegel montre donc que c'est uniquement en fonction du sens de l'histoire que l'on peut juger la valeur historique d'une action, et non pas en fonction de son retentissement à l'époque où elle se déroule ou de sa valeur morale. En ce sens, l'action historique du grand homme est éminemment paradoxale, comme on le comprend lorsqu'on entend, dans la série, César déclarer aux sénateurs : « *I demand only this, that you join me in building a new Rome*[1] » (1x10). S'il dépendait bien de la volonté de César de faire naître cette nouvelle Rome, il était tout autant nécessaire, c'est-à-dire qu'il ne pouvait en être autrement, qu'elle advienne à ce moment-là, étant donné les conditions de l'époque. Inéluctablement, une telle philosophie de l'histoire pose une nouvelle question : les hommes sont-ils responsables de l'histoire qu'ils font ?

Ce n'est pas seulement la curiosité qui pousse à regarder les belles reconstitutions de *Rome*. Si l'homme a de l'intérêt pour l'histoire, s'il cherche à comprendre le passé, c'est qu'il est essentiellement un être historique

---

1. « *Je n'exige qu'une chose, que vous vous joigniez à moi pour construire une nouvelle Rome.* »

qui vit certes dans le temps, mais qui vit surtout en fonction du temps. Il sait que le passé influence ce qu'il est et ce qu'il sera. Le connaître revient donc à se connaître soi-même : le spectacle des passions passées, fussent-elles aussi anciennes que celle de la République romaine, dit toujours quelque chose du présent.

Références

Titre original	*Rome*
Titre français	*Rome*
Créée par	John Milius, William J. MacDonald et Bruno Heller
Nombre de saisons	2 – 22 épisodes
1re diffusion	2005 (USA), 2006 (France)
Vidéographie (zone 2)	1 coffret DVD par saison (1 et 2) Home Box Office, Inc. 1 coffret DVD intégrale de la saison 1 et 2 Home Box Office, Inc.

Les expériences des experts de la police scientifique peuvent-elles tout démontrer?

LES EXPERTS

CSI : Crime Scene Investigation

✓ La démonstration
✓ Théorie et expérience

"We need something more concrete, if we want to prove he did it[1]*."* (1x3)

Enquête policière et enquête scientifique

Série phare des années 2000, *Les Experts* est un *formula-show*[2] mettant en scène le travail de la police scientifique. Devant le succès qu'elle rencontre, ses producteurs décident très vite de la décliner à New York et à Miami, donnant ainsi naissance aux deux *spin-offs*[3] : *Les Experts : New York* et *Les Experts : Miami*. Chaque épisode, quelle que soit la ville où il se déroule, est construit sur le même schéma narratif : il commence par la scène de l'homicide et s'achève par la découverte et l'arrestation du vrai coupable. Entre-temps, le spectateur suit pas à pas les raisonnements et les expérimentations scientifiques qui permettent de trouver les preuves de

1. « *Il nous faut du concret pour prouver sa culpabilité.* »
2. Une série dont chaque épisode est construit sur le même modèle.
3. Une série qui est dérivée du concept ou de l'histoire d'une série antérieure.

la culpabilité d'un suspect. Ainsi, à la folie meurtrière, aux mensonges et aux turpitudes des suspects, Grissom et son équipe d'experts opposent la seule rationalité de leurs raisonnements.

Partant d'un principe simple : « *The evidence doesn't lie*[1] » (1x3), ils mènent l'enquête, en scientifiques plus qu'en policiers, pour finir par démontrer une version des faits avec la même rigueur et la même certitude que s'il s'agissait de la démonstration d'un résultat mathématique. Leur mission consiste donc non seulement à émettre des hypothèses et à les tester expérimentalement pour expliquer l'ordre exact des événements, mais aussi et surtout à démontrer, à l'aide des preuves qu'ils obtiennent, la vérité de leur version des faits, c'est-à-dire à montrer qu'il n'a pas pu en être autrement. La justice attend cette certitude objective pour pouvoir ensuite condamner sans risque d'erreur. Comme ils sont très forts, les experts réussissent chaque fois à boucler leur démonstration et l'on ne peut qu'être admiratif devant ces héros qui triomphent de la nuit du crime, sans d'autres armes qu'un grand laboratoire et une certaine virtuosité dans l'art du raisonnement démonstratif. Si cette arme est tellement efficace, ne faut-il pas prendre le temps de réfléchir à son fonctionnement ? Les experts peuvent-ils vraiment tout démontrer ? Plus précisément, les preuves expérimentales permettent-elles d'établir une démonstration indubitable ?

Aristote à Las Vegas : le modèle syllogistique du raisonnement démonstratif

La démonstration est un raisonnement par lequel on établit la vérité d'une conclusion en établissant sa nécessité. Cela signifie que la vérité d'une conclusion est démontrée, si, et seulement si, il est établi qu'elle est la seule conclusion possible et qu'il ne peut donc en être autrement. Quand Grissom et son équipe cherchent à démontrer une version des faits, ils sont donc en quête d'une certitude objective qui dépasse la simple certitude particulière de telle ou telle personne gravitant autour de l'enquête, à propos de ce qui s'est passé. Tout l'art du raisonnement démonstratif consiste

1. « *Une preuve ne ment pas.* »

donc à enchaîner des propositions de telle manière que la vérité des premières propositions permette d'établir la vérité des dernières propositions sans qu'aucun doute ne puisse subsister.

De l'autre côté de l'Occident, sur les rivages méditerranéens de « la vieille Europe », au IVe siècle av. J.-C., le philosophe Aristote forge un modèle de raisonnement démonstratif qu'il appelle « syllogisme », dont il donne la définition suivante :

> « *Par démonstration, j'entends le syllogisme scientifique, et j'appelle scientifique, un syllogisme dont la possession même constitue pour nous la science. – Si donc la connaissance scientifique consiste bien en ce que nous avons posé, il est nécessaire aussi que la science démonstrative parte de prémisses qui soient vraies, premières, immédiates, plus connues que la conclusion, antérieures à elle, et dont elles sont les causes. C'est à ces conditions, en effet, que les principes de ce qui est démontré seront aussi appropriés à la conclusion.* »
>
> Aristote, *Seconds Analytiques*, I, 2, 71b9, Vrin, trad. Tricot, 1979, p. 7-9.

Un syllogisme, dit Aristote, est un raisonnement qui déduit la vérité d'une conclusion à partir de prémisses elles-mêmes vraies et qui sont donc la cause de la vérité de cette conclusion. Les prémisses sont des connaissances générales dont la vérité est ou bien très évidente et universellement reconnue, ou bien déjà le résultat d'une démonstration antérieure. Déduire enfin, cela signifie partir d'une proposition générale pour conclure à la vérité d'une proposition particulière. Dans un raisonnement syllogistique, la vérité des prémisses se transmet donc à la conclusion par une sorte de contamination, comme on peut le voir dans le célèbre exemple :

Prémisse majeure : *Tous les hommes sont mortels*

Prémisse mineure : *Or Socrate est un homme*

Conclusion : *Donc Socrate est mortel*

Dès lors que la vérité des deux prémisses est établie, il n'y a pas d'autre conclusion possible que celle qui en est logiquement déduite et devant la rigueur d'un tel raisonnement, on comprend pourquoi Aristote considère que le syllogisme est le seul moyen de « *posséder la science* » de quelque chose, c'est-à-dire de le connaître. La connaissance d'une chose n'est en effet rien d'autre que la connaissance de sa cause ; or ici, la conclusion n'est que l'effet de la cause, que sont les deux propositions précédentes. La certitude objective du savoir naît donc de la forme du rapport que les propositions entretiennent entre elles, puisque selon cette forme, la vérité de la conclusion ne peut dépendre que de la vérité des prémisses. Mais peu importe qu'il soit question d'« hommes », de « mortalité » ou de « Socrate », seule compte la forme de l'implication des propositions : si tous les A sont B et que C est un A, alors C sera aussi nécessairement un B. Le contenu des propositions est donc finalement indifférent et la vérité d'une telle conclusion est donc irrémédiablement formelle, c'est-à-dire dépendant uniquement de la forme du raisonnement et non pas de ce sur quoi il porte.

Grissom et son équipe d'experts ne sont pas étrangers à la logique aristotélicienne, au contraire ils veulent l'étendre et l'appliquer à la connaissance des faits. Ils procèdent toujours de la même façon en inscrivant l'indice dans un raisonnement qui ne laissera planer aucun doute, parce qu'il interviendra comme la prémisse mineure d'un syllogisme. Mais une telle méthode est-elle effectivement valide ? Les preuves trouvées par les experts peuvent-elles vraiment prouver quoi que ce soit ?

La limite de la preuve expérimentale ou l'impossible démonstration d'une version des faits

Toutes les investigations menées par ces experts de la police scientifique reposent plus ou moins explicitement sur ce même modèle syllogistique de démonstration. Leur but est toujours le même : connaître la cause certaine des indices relevés sur la scène de crime ou découverts au laboratoire. Et ils s'y prennent de la façon suivante : les connaissances appartenant au domaine d'expertise de chacun des membres de l'équipe font fonction de prémisse majeure, l'indice trouvé sur la scène de crime et/ou le résultat de l'expérimentation faite au laboratoire prend la place de la prémisse mineure et la conclusion doit alors s'imposer dans toute sa vérité. Dans l'épisode 11 de la saison 1, Warrick et Sara enquêtent sur la mort d'un homme dont le frère explique qu'il a été tué par des cambrioleurs qui ont cassé la fenêtre pour pénétrer à l'intérieur de l'appartement. Après avoir analysé les éclats de verre de la fenêtre et après avoir fait l'expérience de briser une fenêtre identique, les deux experts concluent finalement à la culpabilité du frère. On peut reconstituer leur raisonnement de la manière suivante :

> Prémisse majeure : *tous les éclats de verre d'une fenêtre cassée de l'intérieur présentent, sur leur tranche, des stries inclinées vers l'intérieur de la pièce.*
>
> Prémisse mineure : *les éclats de verre ramassés chez la victime ont sur leur tranche, des stries inclinées vers l'intérieur de la pièce.*
>
> Conclusion : *donc la fenêtre a été cassée de l'intérieur, donc le frère de la victime ment, donc il est coupable...*

Appliqué aux faits, le raisonnement syllogistique prend la forme du raisonnement hypothético-déductif. Il s'agit alors, à partir d'une hypothèse, d'en déduire les conséquences susceptibles d'être testées pour vérifier sa validité. Si on appelle C les conséquences déduites, on obtient le raisonnement suivant :

> *Si H alors C*
>
> *Or l'expérience montre que C*
>
> *Donc H est vrai*

Bien que le raisonnement paraisse correct, il ne l'est pas et la déduction finale de la conclusion n'est pas valide. Le fait qu'une conséquence se produise ne prouve pas la vérité de l'hypothèse : la conséquence a toujours pu se produire pour une autre raison, alors ignorée ou inaperçue par l'expérimentateur. La conclusion qui est tirée de ces raisonnements manque alors de nécessité, car rien ne prouve que la conséquence se soit produite pour la seule et unique raison indiquée par l'hypothèse. Pour le dire simplement, on ne peut pas attendre de l'occurrence d'un cas particulier qu'il prouve une hypothèse générale. Dans l'histoire de la vitre brisée sur laquelle travaillent Warrick et Sara, il se peut très bien que les stries inclinées des éclats de verre retrouvés sur le lieu de crime soit dues à une autre cause, comme la différence de température extérieure/intérieure ou l'ancienneté de la vitre...

Quand donc les experts de la police scientifique de Las Vegas tiennent le résultat de leurs expériences pour des preuves indubitables de la culpabilité d'un suspect, ils commettent une erreur de raisonnement. Les preuves ne disent pas toujours la vérité, ou du moins, si par hasard elles la disent, rien ne permet d'en être objectivement certain. Au mieux, le résultat de leurs expériences peut rendre une version des faits plus probable qu'une autre, mais il ne permet pas de démontrer quoi que ce soit avec la même certitude que dans une démonstration syllogistique. Leur travail est-il inutile pour autant ?

Popper à Las Vegas : la corroboration *versus* la certitude objective

Pas tout à fait, car la même démarche expérimentale est néanmoins capable de produire de la certitude, mais dans le cas inverse, c'est-à-dire dans le cas où la conséquence déduite ne se produit pas. Grissom en donne un bon exemple dans le 2e épisode de la saison 1 quand il est appelé pour expliquer la mort d'un homme qui est tombé du toit d'un casino. La police sur place hésite entre le suicide ou le meurtre, Grissom observe le corps et fait la remarque suivante : « *He just told me that he didn't commit suicide. This guy fell to his death wearing prescription eyeglasses. Jumpers take their glasses off* »*1* (1x2). On peut traduire le raisonnement en reconstituant sa logique de la façon suivante :

---

1. « *Il m'a appris qu'il ne s'était pas suicidé. Ce type a fait une chute mortelle en gardant ses lunettes de vue sur le nez. Ceux qui se suicident les enlèvent pour sauter.* »

« *Les gens qui se suicident enlèvent leurs lunettes;*

ce gars a sauté en portant ses lunettes,

il vient de me dire qu'il ne s'est pas suicidé. »

Formellement, le raisonnement est le suivant:

Si H alors C

Or l'expérience montre que C n'a pas lieu

Donc H n'est pas vrai

Dans ce cas, le raisonnement est logiquement valide: l'hypothèse supposait en effet, de façon générale, qu'une conséquence devait se produire; la conséquence particulière ne se produisant pas, l'hypothèse générale se trouve infirmée. Quand donc leurs expériences contredisent une hypothèse, les experts peuvent au moins l'éliminer en étant certains qu'elle n'est pas vraie. S'il est donc illusoire d'attendre de leurs travaux qu'ils prouvent la culpabilité d'un suspect, on peut néanmoins attendre d'eux qu'ils fassent progresser l'enquête en éliminant une hypothèse ou en disculpant un suspect. Le raisonnement expérimental n'est pas capable de démontrer ce qu'est la réalité, c'est-à-dire de connaître avec certitude la cause nécessaire des choses, mais il peut néanmoins savoir avec certitude ce qui n'est pas.

Au détour de sordides affaires de meurtres, on retrouve ici un principe de la réflexion du philosophe Popper (1902-1994), spécialiste de philosophie des sciences, selon lequel « *un ensemble d'énoncés d'observation singuliers (ceux que j'ai appelés "énoncés de base") peut parfois falsifier ou réfuter une loi universelle, alors qu'en aucun cas il ne peut vérifier une telle loi, au sens de l'établir* », comme il l'écrit dans son livre *Le réalisme et la science*[1]. Une expérience, bien qu'incapable de prouver la vérité d'une hypothèse, peut néanmoins *falsifier* une théorie, c'est-à-dire réfuter une certaine description des faits. Une théorie vraie n'est donc pas une théorie que l'expérience aurait prouvée, puisqu'il y a, comme le dit encore Popper, une

---

1. Popper K., *Le réalisme et la science*, Hermann, 1990, p. 199.

asymétrie entre le vrai et le faux. L'expérience peut démontrer la fausseté d'un énoncé (ou jugement), mais elle ne peut pas prouver sa vérité.

Dès lors la vérité scientifique n'a plus rien à voir avec celle procurée par le raisonnement démonstratif : elle n'est plus objectivement certaine et nécessaire. L'expérience fait bien office de critère, mais non pas, comme la série le laisse penser, parce qu'elle fournit les preuves irréfutables qui permettent de démontrer la vérité d'une certaine version des faits. L'arme de la police scientifique n'est donc pas la capacité de ses experts à démontrer leurs théories, mais au contraire, grâce aux nombreux tests qu'ils effectuent, leur capacité à éliminer les théories fausses pour conserver la théorie qui sera seulement la mieux corroborée par l'expérience, c'est-à-dire celle qui aura le mieux résisté à l'épreuve des faits.

Ces dernières années, *Les Experts : Las Vegas* et ses deux *spin-offs* étaient les séries les plus regardées au monde. Comment expliquer une telle fascination ? Assurément par le fait que chaque épisode constitue en réalité un spectacle rassurant pour des citoyens paisibles effrayés par l'incertitude que fait peser sur leurs existences la possibilité du crime. Apparemment capables de démontrer la culpabilité des meurtriers par les preuves que leurs expériences permettent d'établir, les experts de la police scientifique deviennent aisément les nouveaux héros de nos sociétés contemporaines. Confrontés à ces preuves, tout se passe alors comme si les suspects ne pouvaient pas nier l'évidence de la démonstration qui leur est servie et ne pouvaient faire autrement que de passer aux aveux lors de l'interrogatoire qui, souvent, clôture les épisodes.

Mais ce spectacle rassurant et sécuritaire repose sur un malentendu : les preuves expérimentales ne permettent pas d'établir des démonstrations positives rigoureuses, quand bien même le raisonnement en imite la forme idéale. Sans les aveux des coupables, les versions des faits de Grissom et de ses collègues en resteraient au stade d'hypothèses probables, dont les jurés auraient par la suite la charge d'apprécier la pertinence. Contrairement donc à ce que laisse voir cette série, la raison humaine n'est pas capable d'établir une connaissance démonstrative des faits. Elle peut juste établir la plus grande rationalité d'une hypothèse, par rapport à d'autres qu'un test expérimental aura permis d'éliminer. Mais la certitude objective issue d'une démonstration est réservée aux connaissances rationnelles, comme les mathématiques par exemple. Dommage que les chiffres ou les triangles n'aient jamais tué personne...

Références

Titre original	*CSI : Crime Scene Investigation*
Titre français	*Les Experts*
Créée par	Anthony E. Zuiker
Nombre de saisons	9 saisons – 206 épisodes
1re diffusion	2000 (USA), 2001 (France)
Vidéographie (zone 2)	1 coffret DVD par saison (1 à 7) MMI CBS Broadcasting Inc. & Alliance Atlantis productions, Inc.

Suffit-il d'*inciser* le corps pour *retendre* l'âme[1]?

nip/tuck

✓ La matière et l'esprit

"I just want my body to reflect what I'm inside[2]*."* (3x7)

***Sea, sex, plastic surgery and sun*: le corps dans tous ses états...**

Miami, son bord de mer, son soleil, ses flambeurs et ses jeunes femmes prêtes à tout pour réussir : capitale du culte du corps, de sa beauté convenue et de son exhibition permanente, royaume dont les chirurgiens esthétiques, tels Christian Troy et Sean McNamara, les deux héros de la série *Nip/tuck*, sont les nouveaux rois. Au rythme des opérations, ils tentent de satisfaire la quête de perfection de chacun de leurs patients tout en étant fréquemment confrontés à des demandes qui les divisent sur le plan éthique. Parallèlement, Christian accumule les expériences sexuelles et les voitures, tandis que Sean tente désespérément de résister à l'éclatement de son couple et de sa famille. Malgré leurs différences de caractère et de modes de vie, on devine dès les premières images que ces deux-là partagent, en plus de leur travail, une amitié que rien ne peut ébranler, pas même les secrets du passé.

1. Le titre de la série *nip/tuck* est une expression composée de deux verbes « *to nip* » et « *to tuck* », signifiant respectivement « inciser » et « retendre », et qui décrivent le processus du lifting.
2. « *Je veux seulement que mon corps reflète ma personnalité.* »

Nip/tuck parle essentiellement du corps et du rapport que chacun entretient avec lui. Le corps est partout dans la série et dans tous ses états : vivant ou mort, grand ouvert ou recousu, symétrique ou déformé, toujours soumis en tout cas à une perpétuelle insatisfaction et à de multiples expériences... Chaque patient vient chez McNamara & Troy pour y régler ses comptes avec son propre corps, sans toutefois toujours parvenir à un résultat satisfaisant. L'ironie de la série tient au fait que les problèmes des patients trouvent souvent un écho inattendu dans le rapport que les deux chirurgiens entretiennent avec leur propre corps ou avec le corps de leurs proches.

Ce grand règne du corps a bien plutôt les traits d'une tyrannie et entraîne une certaine confusion dans la façon dont les personnages se représentent leur identité. À la question rituelle qui inaugure chaque consultation (et chaque épisode) « *Tell me what you don't like about yourself*[1] *?* » les patients répondent en désignant une partie de leur corps. Ils se pensent comme affublés d'un corps qui ne ressemble pas vraiment à ce qu'ils sont ou à ce qu'ils veulent être et ils veulent le changer. Mais leur problème n'est pas seulement physique, c'est-à-dire relatif au corps, mais il est aussi psychologique et métaphysique, c'est-à-dire relatif à l'esprit et à l'identité personnelle. En réalité ils se sentent divisés entre leur corps, qu'ils considèrent comme une surface extérieure, simplement porteuse de leur apparence, et ce qu'ils sont vraiment, c'est-à-dire leur esprit ou leur identité profonde. D'une opération, ils attendent donc surtout une réconciliation de ces deux dimensions de leur être. Pour traiter ces cas, nos deux chirurgiens sentent la nécessité de faire appel à un psychologue pour les aider à cerner le véritable statut de cette division entre le corps et l'esprit de leurs patients. Ils se trouvent donc régulièrement aux prises avec la délicate question de l'union du corps et de l'esprit. Inciser le corps, le corriger et lui donner une nouvelle apparence, permet-il vraiment de soulager l'esprit ? Le corps et l'esprit sont-ils réconciliables ou ces deux dimensions de la réalité personnelle sont-elles trop radicalement différentes ?

1. « *Dites-moi ce que vous n'aimez pas en vous.* »

« *A perfect face... a perfect lie*[1] » : les conceptions dualistes du corps et de l'esprit

Avant même que la chirurgie esthétique n'existe vraiment, le philosophe Bergson (1859-1941) expliquait que pour la plupart des gens, le corps et l'esprit étaient des réalités différentes : « *cette chose, qui déborde le corps de tous côtés et qui crée des actes en se créant à nouveau elle-même, c'est le moi, c'est l'âme, c'est l'esprit*[2] ». Le corps est une réalité matérielle, limitée dans l'espace et le temps, dont les mouvements, comme tout corps naturel, obéissent aux lois de la nature. Mais au-delà de ce corps, il y a une autre réalité qui le dépasse et qui donc ne peut pas s'y réduire, une force capable de créer des actes, c'est-à-dire d'imposer des mouvements volontaires, que l'on appelle « âme » ou « esprit » d'une personne et qui constitue, semble-t-il, sa véritable identité. La plupart des gens ont en effet, une conception dualiste de l'esprit et du corps, c'est-à-dire qu'ils estiment que ce sont là deux réalités hétérogènes. Ce dualisme du corps et de l'esprit renverrait à l'opposition courante entre ce qui est matériel et ce qui ne l'est pas : le corps exprimerait une réalité matérielle objective, tandis que l'esprit exprimerait une réalité immatérielle subjective. L'air de rien et dans une ambiance plutôt légère, *Nip/tuck* présente plusieurs conceptions dualistes du corps et de l'esprit qui reposent toutes sur la même opposition sous-jacente entre réalité matérielle et réalité immatérielle.

Le corps comme « prison de l'âme »

Sophia Lopez est une patiente transexuelle qui a le privilège de se voir consacrer deux épisodes de la 1re saison. Elle vit son corps comme un obstacle à l'épanouissement de sa véritable identité personnelle. « *My facade is hiding my person*[3] » (1x9) dit-elle : elle veut corriger son corps pour devenir « pleinement femme » et se libérer de cette discordance entre son apparence et son être profond. À travers son cas, le corps est présenté

1. « *Un visage parfait, un parfait mensonge* », extrait de la chanson du générique de la série.
2. Bergson, *L'énergie spirituelle*, II. « L'âme et le corps », PUF, éd. du Centenaire, p. 838.
3. « *Ma façade me cache.* »

comme une réalité radicalement différente de l'esprit, et, pour tout dire, presque comme extérieure à la personne.

Ni chirurgien, ni même médecin, Socrate (470-399 av. J-C) aurait été d'accord avec elle pour reconnaître que le corps emprisonne l'âme et qu'il faut tout faire pour se libérer de son emprise. Dans le *Phédon*, dialogue rapporté par Platon, Socrate pose le diagnostic suivant : « *tant que nous aurons le corps, et qu'un mal de cette sorte restera mêlé à la pâte de notre âme, il est impossible que nous possédions jamais en suffisance ce à quoi nous aspirons*[1] [...] ». La pensée socratique est une pensée dualiste qui fait de la différence de nature entre le corps et l'âme de chaque homme, la principale cause de trouble dans l'existence. L'âme est la réalité essentielle qui définit chaque être humain et qui ne peut exister dans l'espace et le temps qu'en s'associant à un corps. Mais problème : le corps et l'âme ont des vocations contradictoires parce qu'ils ont des natures hétérogènes. Le corps est un élément matériel, c'est-à-dire sensible, tandis que l'âme est une réalité immatérielle, c'est-à-dire appartenant au monde intelligible des idées éternelles des choses. L'orientation naturelle du corps est donc celle de la satisfaction sensible par l'accumulation de plaisirs ; tandis qu'à l'inverse, l'orientation naturelle de l'âme la porte plutôt à la recherche du vrai et à la connaissance des idées. Le corps est donc un « mal », car il contredit l'âme et la tyrannise en la détournant de ce à quoi elle aspire, pour la soumettre à ses propres exigences de confort et de satisfaction sensible. « *Nous les humains sommes comme assignés à résidence* », rappelle Socrate. L'âme est assignée à résidence dans le corps et « le corps est comme la prison de l'âme ». Tout le travail du philosophe consiste alors à assainir la relation de l'âme et du corps en travaillant à une inversion des rapports. Cela se résume en un seul principe : « *apprendre à mourir* », c'est-à-dire apprendre à se libérer du corps, en dénonçant l'illusion de ses désirs sensibles et en régulant son activité physique afin que l'âme puisse retrouver ce à quoi elle aspire : la connaissance et la contemplation des idées des choses et du monde. Moins philosophique, le travail du chirurgien

---

1. Platon, *Phédon*, 66b, trad. M. Dixsaut, GF, 1991, p. 216.

consiste à libérer l'âme en transformant le corps, afin que son apparence ne contredise plus explicitement l'âme. Pour autant une telle opération ne réconcilie pas complètement le corps et l'esprit, car elle ne peut pas abolir leur différence de nature et d'orientation.

Le corps-machine : objet de la chirurgie

En tant que chirurgiens, Sean et Christian entretiennent un autre rapport au corps, mais qui présuppose lui aussi que le corps soit radicalement différent de l'esprit. Pendant toutes leurs études de médecine, ils ont appris à ne considérer le corps que comme un ensemble d'organes, de muscles, de tissus, bref, comme un tout organique, que l'on peut décomposer en parties et dont on peut modifier quelques aspects. C'est ce qui donne l'impression, à certains moments, que Sean et Christian ne sont plus des chirurgiens en train d'opérer, mais des garagistes en train de changer les pneus d'une voiture.

Descartes (1596-1650) est l'un des premiers philosophes à avoir conçu le corps sur le modèle d'une machine. Il ne s'agissait pas tant d'affirmer que la nature du corps est la même que celle de la machine, mais plutôt de montrer que le modèle mécanique était le meilleur moyen de le connaître et d'en expliquer la différence de mouvement avec l'âme. Dans la IVe partie de ses *Principes de la philosophie*, Descartes écrit :

> « *Je ne reconnais aucune différence entre les machines que font les artisans et les divers corps que la nature seule compose, sinon que les effets des machines ne dépendent que de l'agencement de certains tuyaux, ou ressorts, ou autres instruments, qui, devant avoir quelque proportion avec les mains de ceux qui les font, sont toujours si grands que leurs figures et mouvements se peuvent voir, au lieu que les tuyaux ou ressorts qui causent les effets des corps naturels sont ordinairement trop petits pour être aperçus de nos sens*[1]. »

---

1. Descartes, *Principes de la philosophie*, t. III, IVe partie, § 203, Garnier, 1998, p. 520.

En ne reconnaissant aucune différence entre un corps naturel et une machine artificielle, le philosophe substitue au corps personnel de chaque homme un corps vu objectivement comme s'il était vu du dehors. De l'extérieur, précisément, on ne voit du corps qu'un ensemble de mouvements, que Descartes appelle « *ses effets naturels.* » Mais de la même façon que celui qui regarde une horloge voit les aiguilles bouger et imagine une cause mécanique à ce mouvement, Descartes explique les mouvements du corps, par un ensemble de causes mécaniques : « *l'agencement de certains tuyaux, ou ressorts, ou instruments.* » La différence entre une machine artificielle et une machine naturelle comme le corps n'est alors plus qu'une différence de taille. Comme les machines sont fabriquées par des artisans, leurs différentes parties doivent être suffisamment grandes et visibles pour que des mains d'hommes puissent les manipuler. Autrement dit, avec le modèle de la machine, l'intelligible, c'est-à-dire ce que l'on comprend et connaît du fonctionnement du corps, devient visible.

Cette visibilité du corps objectif saute violemment aux yeux, si l'on peut dire, dans *Nip/tuck*, tant les interventions chirurgicales sont reproduites crûment. Les scènes d'opérations recréées avec un grand réalisme montrent un corps grand ouvert, puis recousu et traité comme un simple objet que l'on répare, et sans aucune qualité personnelle.

De cette conception du corps sur le modèle de la machine, Descartes tire deux leçons. La première : ce corps mécanique n'a pas plus qu'une machine de nature spécifique, mais au contraire, il a la même nature que tous les autres corps naturels. C'est une « chose » que l'on peut modifier dès lors qu'on ne contredit pas les principes essentiels de son fonctionnement. Deuxième leçon : ce corps est donc essentiellement différent de l'âme, qui, elle, est unique parce que précisément immatérielle. Elle n'est pas soumise à l'universalité du mouvement mécanique, mais au contraire à la subjectivité du mouvement volontaire[1]. Si dans la vie, le corps n'était uni à l'âme, il resterait une réalité essentiellement impersonnelle, comme on peut le voir quand, il gît, endormi, sur la table d'opération.

---

1. Cf. p. 26-27 (chapitre sur la liberté), le paragraphe sur la conception cartésienne de la volonté.

Pour autant, cette représentation du corps, si elle est spectaculaire, n'en reste pas moins une abstraction. La raison cartésienne, comme celle de nos deux chirurgiens (quand ils tracent, en pointillé, les grandes lignes de leurs interventions futures), distingue et sépare un corps objectif et un esprit subjectif, à l'intérieur de ce qui est vécu, par chacun, comme étant indissociablement lié. Au fur et à mesure, Sean et Christian s'en rendent compte, bien souvent à leurs dépens d'ailleurs, et ils ne peuvent traiter le corps de leurs patients – ou de leurs proches, ou même les leurs – comme de simples objets. Sean, par exemple, le comprend quand il rencontre Megan O'Hara, une patiente atteinte d'un cancer du sein. Touché par cette femme et par son histoire il sera capable de l'aimer, malgré son corps meurtri. Il reconnaît surtout que l'extériorité du corps a partie liée avec l'intériorité de l'esprit et qu'ainsi, corps et esprit ne sont pas des réalités radicalement différentes, lorsqu'il lui dit par exemple « *Don't for one second feel ashame about these scarves on your chest. You're just wearing on the outside, what the rest of us wear inside*[1] » (1x6).

Le corps est-il vraiment d'une nature différente de l'esprit ?

La redécouverte de la dimension personnelle du corps

Que le corps soit conçu comme « prison » ou comme « machine », son étrangeté est justifiée dans les deux cas par sa matérialité, sensible ou mécanique. Non sans une certaine ironie, nos deux chirurgiens découvrent pourtant que cette matérialité n'épuise pas la nature du corps et qu'elle ne l'empêche pas de signifier ou d'exprimer une personnalité. Peu à peu, l'apparence du corps n'est plus seulement une surface : elle révèle, assez mystérieusement, une profondeur.

Cette découverte, le philosophe Merleau-Ponty (1908-1961) en fait le fil conducteur de toute sa philosophie. Contre les réductions scientifiques et médicales du corps comme corps objectif, et contre les pensées

1. « *Il ne faut en aucun cas que vous ayez honte de ces cicatrices. Vous portez à l'extérieur ce que nous autres portons à l'intérieur.* »

dualistes en général, pour lesquelles le corps et l'esprit ont des natures différentes, il rappelle que le corps est d'abord une expérience personnelle, une dimension élémentaire, et dans lequel s'enracinent et s'enlacent l'être que l'on est et la conscience que l'on peut en avoir. Avant d'être un objet, avant d'être le corps *que l'on a*, le corps est toujours le corps *que l'on est*, ce que Merleau-Ponty désigne par le concept de « corps propre ». Ce retour à l'expérience vécue, à la description de la façon dont chacun vit son corps, ainsi que la distinction entre corps objectif et corps propre, permettent à Merleau-Ponty de penser le corps et l'esprit dans leur union et non dans leur différence, comme on peut le lire dans l'extrait suivant :

> « *Définir l'esprit comme l'autre côté du corps – Nous n'avons pas idée d'un esprit qui ne serait pas doublé d'un corps, qui ne s'établirait pas sur ce sol – "L'autre côté" veut dire que le corps, en tant qu'il est cet autre côté, n'est pas descriptible en termes objectifs, en terme d'en soi, – que cet autre côté est vraiment l'autre côté du corps, déborde, en lui* [...], *empiète sur lui, est caché en lui, – et en même temps a besoin de lui, se termine en lui, s'ancre en lui. Il y a un corps de l'esprit, et un esprit du corps et un chiasme entre eux.* [...]
>
> *La notion essentielle pour une telle philosophie est celle de la chair, qui n'est pas le corps objectif, qui n'est pas non plus le corps pensé par l'âme (Descartes) comme sien, qui est le sensible au double sens de ce qu'on sent et ce qui sent. Ce qu'on sent = la chose sensible, le monde sensible, = le corrélat de mon corps actif, ce qui lui "répond"/*
>
> *Ce qui sent = je ne puis poser un seul sensible sans le poser comme arraché à ma chair, prélevé sur ma chair, et ma chair en elle-même est un des sensibles en lequel se fait une inscription de tous les autres, sensible-clé, sensible dimensionnel.* »
>
> **M. Merleau-Ponty, note de travail, juin 1960, « Chair – Esprit », in *Le visible et l'invisible*, éd. Gallimard, coll. « Tel », Paris, 1964, p.312-313.**

L'esprit et le corps sont les deux côtés...

La philosophie de Merleau-Ponty suit une méthode un peu particulière qui consiste à décrire la façon dont l'homme est relié au monde, avant même que cette relation soit pensée et constituée par la conscience individuelle. Autrement dit, il s'agit de repartir de l'expérience originaire de notre présence dans le monde avant que nous nous mettions à y réfléchir et à l'ordonner selon notre raison. Cela permet, par exemple, de reconnaître que chaque homme commence d'exister avec son corps, et que ce n'est qu'après un exercice d'abstraction que nous pouvons, grâce à la conscience, transformer le corps que l'on est en corps objectif. Exister, c'est donc d'abord être incarné, et la conscience elle-même doit faire l'effort de se redécouvrir elle-même incarnée en un corps. C'est ce qui fait dire à Merleau-Ponty que « *nous n'avons pas idée d'un esprit qui ne serait pas doublé d'un corps* ». De la même façon que la doublure d'un vêtement est originairement cousue à ce vêtement, l'esprit est originairement cousu au corps. Entre le corps et l'esprit il y a donc un entrelacement réciproque des deux éléments, c'est ce que Merleau-Ponty appelle un « chiasme », et chacun est la condition de l'autre : pas de corps sans esprit et pas d'esprit sans corps. On en fait aisément l'expérience quand on tombe amoureux : impossible de séparer, en l'être aimé, un corps et un esprit. N'est-ce pas justement ce que l'on appelle le « charme » ? N'est-ce pas pour cela qu'on ne peut aimer vraiment que « corps et âme » ? Il faut attendre la saison 3 pour que Christian s'en rende compte et demande à sa fiancée, Kimber, d'abandonner son travail dans l'industrie pornographique, car il ne supporte plus de voir le corps de celle qu'il aime transformé en objet.

... d'une même réalité personnelle

Il reste à comprendre précisément de quelle manière le corps et l'esprit se trouvent cousus ensemble dans cette condition première de l'existence qu'est l'incarnation. Merleau-Ponty avance ici le concept de « chair » pour désigner ce corps tout doublé d'esprit. Ainsi se trouve réfutée toute pensée dualiste du corps et de l'esprit : corps et esprit ne relèvent pas de natures différentes, le corps n'est pas matériel là ou l'esprit serait immatériel. Au sens courant, la chair désigne l'intérieur du corps, sa matière en quelque sorte. Ici, la chair est tout autant l'intérieur et l'extérieur du corps et de l'esprit, c'est-à-dire une structure commune, à partir de laquelle le corps et l'esprit peuvent apparaître : le sensible. Précisons : lors d'une expérience sensible, par exemple le toucher, je sens quelque chose – « *la chose sensible = ce qu'on sent* » – et en même temps je sens mon corps en train de sentir – « *ce qui sent* ». Pour le dire autrement, je sens quelque chose et en même temps je le ressens comme me touchant. Le corps et l'esprit apparaissent donc comme les deux faces d'une chair commune qui est essentiellement une chair sensible. Dans un autre texte, Merleau-Ponty écrit que la chair « *n'est pas matière, n'est pas esprit, n'est pas substance. Il faudrait pour la désigner, le vieux terme d'"élément", au sens où on l'employait pour parler de l'eau, de la terre et du feu*[1] ». Qu'est-ce qu'un élément ? C'est ce qui compose une réalité et qui pourtant la dépasse : ce à partir de quoi on peut ensuite constituer du matériel et du spirituel.

Entre le corps et l'esprit, il n'y a donc pas de différence de nature. Ils apparaissent tous deux à partir de la « *chair* » de la réalité : le sensible. Le dualisme des personnages de *Nip/tuck* s'explique alors par l'oubli de cette origine commune qui fait de l'incarnation la condition première de l'existence de chaque personne. Quand les patients de la clinique McNamara & Troy désignent une partie de leur corps qu'ils n'aiment pas, ils ne disent pas que leur corps est une enveloppe matérielle qui emprisonne leur âme. Au contraire, ils sont gênés de ce que leurs corps manifeste aux yeux de tous ce qu'ils sont. Ils le réduisent à une simple apparence superficielle et veulent le modifier pour pouvoir se cacher et se dissimuler derrière. Comme le dit Escobar, un trafiquant de drogue qui fait chanter les deux chirurgiens : « *People are always going to hate themselves*[2] » (1x12). Mais à bien y réfléchir, ce n'est pas qu'une simple apparence superficielle qu'ils détestent en détestant leur corps, mais ce qu'ils détestent, c'est que leur

---

1. Merleau-Ponty, *Le visible et l'invisible*, coll. « Tel » Gallimard, p. 184.

2. « *Les gens se détesteront toujours.* »

corps est un corps de chair qui rend immédiatement visible, aux yeux de tous, ce qu'ils sont.

À mesure que les chirurgiens opèrent et que la chair de leurs patients se trouve exhibée dans ces scènes d'interventions si surprenantes, cette fiction conduit à une compréhension plus profonde de cette autre « chair » qui constitue la nature commune du corps et de l'esprit. On ne peut donc pas inciser le corps sans par là même toucher à l'esprit, puisque chaque fois, on touche, à travers *son* corps, au plus profond de l'être d'une personne.

Nip/tuck tire donc le portrait sans concession d'une société qui, sous couvert de lui vouer un culte, méprise le corps parce qu'elle en oublie la dignité essentielle. Les patients qui défilent au gré des épisodes sont comme autant de victimes de ce mépris, dont le principal symptôme est de croire que leur corps n'est qu'une enveloppe matérielle qui emprisonne leur âme et qu'ils doivent donc le modifier pour s'en libérer. Sans doute est-ce là le comble d'une société que l'on qualifie si souvent de « matérialiste » : réduire les personnes à des choses, comme les mannequins mis en scène dans le générique de la série.

Références

Titre original	*Nip/tuck*
Titre français	*Nip/tuck*
Créée par	Ryan Murphy
Nombre de saisons	5 (6e en cours de production) 71 épisodes
1re diffusion	2003 (USA), 2004 (France)
Vidéographie (zone 2)	1 coffret DVD par saison (1 à 5) Warner Bros Entertainment Inc.

Greg House ou le problème de la recherche de la vérité...

DR HOUSE

✓ La raison et le réel
✓ La vérité

"I'm sure this goes against everything you've been taught, but right and wrong do exist[1]" (1x21)

"*Everybody lies*[2]" (1x1)

Quand il ne regarde pas la télévision dans la chambre d'un patient plongé dans le coma, quand il ne sème pas la panique dans la salle d'attente des consultations, ou quand il n'essaie pas de fuir le Dr Cuddy, la directrice de l'hôpital, en se réfugiant dans les toilettes, on trouve habituellement le Dr House dans sa salle de réunion ou dans son bureau, en train de tenter de poser un diagnostic avec ses trois collègues : les Drs Cameron, Chase et Foreman. Malgré ses baskets colorées, ses chemises pas repassées et son addiction aux antidouleur, le docteur Gregory House est ainsi à la tête du service de médecine interne de l'hôpital de Princeton-Plainsboro. Chaque épisode est l'occasion pour cette fine équipe de résoudre un cas

1. « *Je sais que cela va à l'encontre de tout ce que l'on vous enseigne, mais le vrai et le faux, ça existe* » (1x21).

2. « *Tout le monde ment.* »

énigmatique à l'issue d'argumentations contradictoires passionnées sur la mystérieuse cause de symptômes apparemment toujours plus incompatibles les uns avec les autres. Les répliques fusent à une vitesse folle, mêlant jargon médical et répliques cinglantes. Mais bien que son action se déroule dans un hôpital et que les personnages principaux soient tous médecins, *Dr House* n'est pas une série médicale comme les autres. Puisque « *tout le monde ment* », comme le répète souvent Greg House, pourquoi la série ne mentirait-elle pas, elle aussi, sur son véritable visage ? De fait, il n'est pas question dans cette série de se servir du cadre hospitalier pour refléter un état de la société comme dans *Urgences*, et il ne s'agit pas non plus de présenter la maladie et la mort comme les étapes d'un passage à l'âge adulte comme dans *Grey's Anatomy*[1]. Non, dans cette série, le contexte médical n'est qu'un prétexte pour mettre en scène la grande aventure de la recherche de la vérité.

Tous les épisodes commencent en effet dans le mensonge et tous s'achèvent, avec la découverte du bon diagnostic, par l'établissement de la vérité. Les mensonges sont de plusieurs sortes, il y a ceux, délibérés, des patients eux-mêmes, qui nécessitent souvent de véritables interrogatoires et de véritables investigations. Il n'est pas rare en effet, de voir Chase, Foreman ou Cameron quitter leur blouse blanche et aller perquisitionner chez les patients. Mais dans un autre sens « *Everybody lies* » peut s'entendre « *Every body lies* »/« *tous les corps mentent* ». Les mensonges que House doit affronter sont aussi ceux que la maladie énonce à travers le corps, sous la forme de symptômes tous plus énigmatiques les uns que les autres. Le travail de House et de son équipe consiste à ne pas tomber dans ces pièges et à résoudre l'énigme en établissant le bon diagnostic, c'est-à-dire en énonçant la véritable cause de ces symptômes. La tâche est d'autant plus difficile que, bien souvent, les deux types de mensonges s'entretiennent l'un l'autre : les mensonges des patients sont souvent la cause de symptômes singuliers. Greg House n'est donc pas d'abord un médecin ; il ne veut pas

1. Cf. le chapitre sur *Grey's Anatomy*, p. 45.

d'ailleurs qu'on le considère comme tel[1]. Il n'est pas là pour prodiguer des soins, écouter, ou faire preuve de compassion. Son unique problème c'est de détruire ce qu'il ne supporte pas : le mensonge. C'est d'ailleurs une des raisons pour lesquelles il voit si peu ses patients : « *If you don't talk to them,* dit-il, *they can't lie to us and you can't lie to them*[2] » (1x1).

Dr House, est donc, au fond, une série sur le problème de la vérité et de sa lutte contre le mensonge. Le cadre hospitalier n'est là qu'à titre de métaphore pour dramatiser l'enjeu de sa recherche : de la même manière que la vérité sauve du mensonge, le diagnostic sauve de la maladie et permet la guérison. Mais comment, précisément, Greg House pose-t-il ses diagnostics ? Comment parvient-il à cette vérité qui permet de sortir du mensonge ?

Le problème de la connaissance

La vérité n'est pas donnée, elle n'est pas une évidence qui s'impose et que tous peuvent reconnaître en ouvrant les yeux. Au contraire, l'évidence initiale, ce qui est donné, c'est plutôt le conflit des opinions, des impressions et des mensonges. Pour celui qui recherche la vérité, il s'agit alors de commencer par refuser cette première version du réel. Après la reconnaissance du problème, il faut donc suivre une démarche méthodique pour construire la vérité, ou dans le cas de House, pour poser un diagnostic. Face au réel, la raison élabore des méthodes pour décomposer, traduire, expliquer, c'est-à-dire connaître ce qui se donne à voir. « *Rien ne va de soi. Rien n'est donné. Tout est construit*[3] » comme le dit le philosophe spécialiste des sciences, Gaston Bachelard (1884-1962). L'exigence d'une connaissance vraie est donc l'exigence d'une connaissance construite par la raison. Mais comment construire une telle connaissance ?

---

1. Il le précise explicitement dès le 1er épisode : « *I don't want them to think I'm a doctor* »/« *Je ne veux pas que l'on pense que je suis un médecin.* »

2. « *Si vous ne leur parlez pas, ils ne peuvent pas vous mentir et vous ne pouvez pas leur mentir.* »

3. Bachelard G., *La formation de l'esprit scientifique*, Vrin, ch. 1.

Les philosophes qui s'intéressent au problème de la connaissance considèrent habituellement qu'il y a deux manières de connaître une chose. La première consiste à partir de l'expérience pour en récolter les données qui font problème et les ordonner grâce à la raison ; c'est la voie que les philosophes appellent le rationalisme empirique et qui tient l'expérience comme le seul fondement de la connaissance. La deuxième voie est celle du rationalisme intellectualiste qui considère qu'il ne faut pas faire confiance à l'expérience et que les intuitions de la raison sont les seules sources valables à partir desquelles on peut construire la vérité. La première voie passe de l'expérience à la connaissance au moyen de l'induction, c'est-à-dire par un raisonnement qui construit une proposition générale à partir de la perception de cas particuliers, tandis que la deuxième voie construit la connaissance à partir d'un raisonnement déductif, c'est-à-dire par le fait de tirer un ensemble de conséquences particulières d'une proposition générale. Quelle méthode de connaissance House adopte-il ?

Dialoguer avec l'expérience : le raisonnement expérimental

Bien qu'il n'aime pas rencontrer ses patients, House n'ignore pas pour autant les données de l'expérience, c'est-à-dire les symptômes. De même, lorsqu'il consent finalement à donner des consultations, il lui suffit de quelques secondes d'observation pour pouvoir ensuite poser son diagnostic. La méthode de connaissance qu'il adopte est donc celle du rationalisme empiriste : il s'agit de « forcer » l'expérience à répondre aux questions que la raison se pose et en même temps de conduire son raisonnement avec rigueur, en telle sorte qu'il ne s'écarte pas de la réalité qu'il faut connaître. C'est sous cet angle que House ressemble le plus à Sherlock Holmes, le personnage dont il est ouvertement inspiré. En plus d'avoir tous les deux un meilleur ami qui est docteur (Wilson/Watson), d'être tous les deux musiciens (piano pour House, violon pour Holmes) et d'avoir tous les deux un problème de dépendance vis-à-vis de certaines substances (Vicodin pour House et héroïne pour Holmes), les deux hommes partagent tous les deux la même méthode de connaissance. S'ils sont tous deux doués d'un formidable don d'observation – des symptômes pour House et des indices pour Holmes –, si donc ils enracinent tous deux leur connaissance dans un contact avec le réel, ils n'oublient pourtant pas de raisonner sur leurs observations. Ils affirment par là qu'il ne suffit pas de faire l'expérience du réel pour en connaître la vérité, mais qu'il faut aussi tenir compte des idées de la raison. Mais que signifie raisonner sur des faits ? En quoi consiste précisément ce raisonnement expérimental ?

C'est un autre médecin, Claude Bernard (1813-1878), qui en 1865 prend le temps de décrire précisément comment ce dialogue entre la raison et le réel peut produire de la connaissance. Pour cela, il présente une démarche en trois temps qui est restée célèbre sous le nom de méthode expérimentale. Les trois étapes de cette méthode sont l'observation, la construction d'une hypothèse et l'expérimentation, comme on peut le lire dans le texte suivant.

> « *La simple constatation des faits ne pourra jamais parvenir à constituer une science. On aurait beau multiplier les faits ou les observations, que cela n'en apprendrait pas davantage. Pour s'instruire, il faut nécessairement raisonner sur ce que l'on a observé, comparer les faits et les juger par d'autres faits qui servent de contrôle.* [...] *L'esprit de l'homme ne peut concevoir un effet sans cause, de telle sorte que la vue d'un phénomène éveille toujours en lui une idée de causalité. Toute la connaissance humaine se borne à remonter des effets observés à leur cause. À la suite d'une observation, une idée relative à la cause du phénomène observé se présente à l'esprit ; puis on introduit cette idée anticipée dans un raisonnement en vertu duquel on fait des expériences pour la contrôler.* »
>
> C. Bernard, *Introduction à l'étude de la médecine expérimentale*, 1re partie, éd. Flammarion, coll. « Champs », 1984, p. 65-66.

L'observation

C'est la phase de recueil des données ou de présentation des faits et en tant que telle, elle ne mobilise pas la raison. L'observation ne fait rien connaître et il ne sert à rien de multiplier les observations. C'est pour cette raison qu'une fois qu'il a pris connaissance des symptômes d'un malade en lisant son dossier, House n'a plus besoin de le rencontrer. C'est pour expliquer ces faits observés que l'on émet ensuite une hypothèse.

La construction de l'hypothèse

Elle repose sur une tendance naturelle de l'esprit humain à rechercher la cause de ce qu'il observe. L'hypothèse ou « idée expérimentale » n'est ni innée, ni spontanée, elle surgit soit à l'occasion d'une longue et attentive observation, soit tout à fait par hasard. Elle est une « *idée relative à la cause du phénomène observé* », dit Bernard : elle propose une première interprétation anticipée de la cause des faits observés, un premier diagnostic en somme, ou, comme il le dit un peu plus loin dans le même chapitre, elle « *résulte d'une sorte de pressentiment de l'esprit qui juge que les choses doivent passer d'une certaine manière*[1] ». Il n'y a pas de méthode pour établir des hypothèses. Ce sont des inductions qui reposent sur « *l'invention ou le génie de chacun*[2] ». C'est dans cet art de forger des hypothèses que House excelle tout particulièrement, notamment parce qu'il n'a pas peur d'en forger de très audacieuses, reposant sur un détail ou sur un rapport entre deux observations qu'il est le seul à avoir perçu. C'est même là le ressort principal de la série. La plupart du temps, l'hypothèse qui se vérifiera comme le diagnostic final est forgée tout à fait par hasard, au dernier moment, parce que House a aperçu quelque chose qui apparemment n'a aucun rapport, mais dont sa fine intelligence perçoit pourtant le rapport. Avant cela, différentes hypothèses sont formulées, examinées, discutées et souvent réfutées lors du diagnostic différentiel avec les trois autres médecins de l'équipe. Seules les plus pertinentes, celles qui passent l'examen de la discussion, sont ensuite soumises à vérification. C'est à ce moment qu'intervient la raison, l'hypothèse est introduite dans un

---

1. Bernard C., *Introduction à l'étude de la médecine expérimentale*, 1re partie, Flammarion, coll. « Champs », 1984, p. 67.

2. *Idem*, p. 66.

raisonnement afin d'en déduire des implications que l'on pourra observer au cours d'un test, d'un examen ou d'une expérimentation[1]. L'hypothèse a donc un double rôle : un rôle théorique puisqu'elle est le point de départ d'un raisonnement expérimental et un rôle pratique puisqu'elle est l'idée qui guide la main de l'expérimentateur, au cours de l'expérimentation chargée de la vérifier. Précisément, comment s'effectue cette vérification ?

L'expérimentation

Dans la série, après les séances de diagnostic différentiel, House envoie Chase, Foreman et Cameron mener les examens ou les traitements qui permettront de tester les hypothèses. C'est la phase d'expérimentation, qui a pour fonction de « contrôler », par d'autres faits, l'hypothèse émise. Si les tests produisent le résultat escompté lors du raisonnement expérimental, on tient l'hypothèse pour valide, et si les tests ne produisent pas ce résultat escompté, alors elle est éliminée. La phase d'expérimentation correspond à la phase active de ce dialogue entre la raison et le réel au cours de laquelle la connaissance est produite par une interrogation « forcée » des faits, puisque tout l'enjeu est de provoquer un effet attendu. Cette phase d'expérimentation satisfait l'exigence empirique de fondement de la connaissance sur l'expérience. Elle a pour charge d'administrer la vérité en « prouvant » la validité d'une hypothèse ou au contraire en « prouvant » sa fausseté. Mais ce dernier point pose problème. L'expérience ne peut pas « prouver » la vérité d'une hypothèse comme le pensait pourtant Bernard[2]. C'est pour cela que House continue souvent de douter d'une hypothèse émise par un des membres de son équipe quand bien même les résultats des examens semblent la confirmer provisoirement. Mais si l'expérimentation ne peut pas « prouver » avec certitude une hypothèse, elle n'est pourtant pas inutile. Elle permet de confirmer la *probabilité* de l'hypothèse quand elle présente l'effet déduit par le raisonnement expérimental, ou

---

1. Pour une analyse plus détaillée de ce raisonnement hypothético-déductif, cf. le chapitre sur *Les Experts*, p. 63.
2. Sur ce point aussi voir le chapitre sur *Les Experts*, et notamment l'analyse que fait Popper de la fonction du test expérimental, p. 71.

bien elle permet d'éliminer l'hypothèse quand elle ne le présente pas. De fait, dans la série, c'est surtout cette dernière fonction de l'expérimentation qui est exploitée. Chase, Foreman et Cameron reviennent souvent en salle de diagnostic avec des résultats négatifs pour leurs examens, ce qui relance la réflexion, et par là même la tension de l'épisode, jusqu'à ce que s'impose l'hypothèse du diagnostic final.

Pour déjouer les mensonges des patients et les mensonges des corps, House et son équipe développent donc une méthode rationnelle de construction de la vérité à partir de l'expérience. Même si, en toute rigueur, les expérimentations auxquelles ils se livrent ne peuvent pas démontrer leur hypothèse avec la même certitude que celle des démonstrations mathématiques, elles permettent néanmoins de valider des hypothèses à partir desquelles les patients pourront être guéris.

Mais au cours de l'épisode, les quatre médecins sont rarement d'accord sur les hypothèses qu'ils émettent. S'ils disposent de la même méthode pour émettre une hypothèse, encore faut-il qu'ils parviennent, lors des séances de diagnostic différentiel, à imposer leur hypothèse. À quoi sert finalement le diagnostic différentiel ?

Réfuter les opinions : le raisonnement dialectique

Étant donné la complexité des cas que traite l'équipe de House, de multiples hypothèses peuvent être élaborées. Mais les médecins disposent rarement du temps et des moyens pour les tester toutes. Du coup, les séances de diagnostic différentiel sont là aussi pour « faire le tri » entre les hypothèses au moyen d'une discussion contradictoire qui éprouve leur pertinence. À travers ce moment fort, chaque épisode met en scène une autre figure de la recherche de la vérité : celle du raisonnement dialectique.

Après le Greg House inspiré de Sherlock Holmes, place au Greg House inspiré du philosophe Socrate (470-399 av. J.-C.). Comme son ancêtre grec, House est passé maître dans l'art du dialogue et de la réfutation, il n'hésite pas à répliquer de manière cinglante à ses interlocuteurs tout comme Socrate était accusé de « *mettre les autres dans l'embarras*[1] » et tout comme Socrate que l'on distinguait par son aspect physique[2], House est lui-même frappé par une difformité physique qui le distingue des autres médecins. Mais au-delà, la méthode de House fait aussi explicitement référence à celle du philosophe grec, comme le revendique par exemple l'épisode 6 de la 1re saison, intitulé « *The Socratic method* ». En quoi consiste une telle méthode ?

Contre l'idée selon laquelle toutes les opinions se valent ou que chaque homme peut avoir *sa* vérité, Socrate réaffirme tout au long de sa vie que la vérité est une et absolue, parce qu'elle consiste uniquement dans le savoir de ce qu'est une réalité, c'est-à-dire dans le savoir de son idée. Pour établir cela, la méthode mise au point par Socrate consiste à employer un raisonnement dialectique afin de déjouer la confusion entre l'opinion et le savoir. Qu'est-ce que le raisonnement dialectique ? C'est l'art de questionner et de répondre, donc de mener un dialogue pour s'élever des impressions jusqu'à la connaissance. Mis en œuvre par Socrate, comme par House, ce raisonnement a le visage de la maïeutique, c'est-à-dire de l'art de faire accoucher les esprits de la bonne réponse en leur posant les bonnes questions, comme on peut le lire dans cette réplique de Socrate :

> « *Or à mon métier de faire les accouchements, appartiennent toutes les autres choses qui appartiennent aux accoucheuses, mais il diffère par le fait d'accoucher des hommes, mais non des femmes, et par le fait de veiller sur leurs âmes en train d'enfanter, mais non sur leurs corps. Et c'est cela le plus important dans notre métier, d'être capable d'éprouver, par tous les moyens, si la pensée du jeune homme donne naissance à de l'imaginaire, c'est-à-dire à du faux, ou au fruit d'une conception, c'est-à-dire à du vrai.* »
>
> **Platon[3], *Théétète*, 150 c, trad. M. Narcy, éd. GF, 1994 p. 150-151.**

---

1. Platon, *Ménon*, 80 a, trad. M. Canto-Sperber, GF, 1991, p. 150.
2. *Ibid.*
3. Rappelons que Socrate n'a rien écrit et que c'est Platon qui s'est fait le rapporteur des différents grands dialogues de Socrate avec différents interlocuteurs.

Mise à part la restriction concernant les femmes, ces quelques précisions s'appliquent sans problème au travail que fait House lors des séances de diagnostic différentiel. La procédure décrite ici par Socrate est double : accoucher les esprits et éprouver les réponses qu'ils donnent.

■ Susciter des réponses

Socrate utilise la métaphore de l'accouchement pour désigner une certaine manière de poser des questions afin de susciter des réponses chez son interlocuteur. C'est avec Socrate que le geste philosophique par excellence, c'est-à-dire le geste par lequel s'engage la recherche de la vérité, est devenu le questionnement. Poser une question, c'est à la fois manifester son ignorance, c'est-à-dire montrer que l'on ne sait pas, et en même temps manifester son désir de savoir. Telle est la posture du philosophe : il ne prétend pas détenir un savoir, mais au contraire il y aspire.

Dans *Dr House*, les séances de diagnostic différentiel sont des séances de questions posées par House afin de susciter des réponses chez ses trois jeunes collègues. Parfois ces questions sont plutôt des devinettes, House connaît la réponse d'avance, mais la plupart du temps, surtout au début des épisodes, il n'en sait pas plus qu'eux. Comment peut-il alors accoucher les esprits, c'est-à-dire susciter des réponses en ne posant que des questions ? Comment la vérité peut-elle surgir d'un ensemble de questions ?

■ Éprouver la vérité de la réponse : la réfutation

Le deuxième temps de la maïeutique consiste à éprouver la vérité des réponses accouchées. Et pour les éprouver, le meilleur moyen est de tenter de les réfuter, c'est-à-dire de se servir de sa raison pour examiner les réponses et tenter d'en apprécier les présupposés, les conséquences et en dernier ressort la cohérence. Quand l'interlocuteur en est réduit à l'auto-contradiction ou à l'absurde, alors sa réponse peut être considérée comme fausse et éliminée. À l'inverse, une réponse est vraie quand elle résiste à la réfutation, c'est-à-dire à la contradiction. Telle est l'arme de Socrate et le seul moyen dont il dispose pour s'approcher de la vérité. Habituellement, Socrate est plutôt amical lors de ses réfutations, bien que ses interlocuteurs le trouvent agressif ou de mauvaise foi, vexés et honteux qu'ils sont d'avoir été réfutés. House au contraire est rarement amical et souvent profondément désagréable ou méchant dans ses réfutations. Il faut néanmoins comprendre son ironie comme un moyen supplémentaire d'encourager l'accouchement de nouvelles réponses. Plus une réponse aura été vivement réfutée, plus l'interlocuteur se sentira tout confus, plus il aura le désir d'apporter une nouvelle réponse. Plus House est ironique et désagréable, plus en fait il crée les conditions de surgissement d'une réponse intéressante[1]. Socrate analyse très bien les réactions que sa pratique de la réfutation entraîne et là encore elles décrivent particulièrement le comportement de Greg House :

> « *Beaucoup déjà, en effet, admirable garçon, ont adopté vis-à-vis de moi une attitude telle qu'ils sont prêts tout simplement à mordre, dès lors que je fais disparaître quelqu'une de leurs inconsistances : c'est qu'ils ne croient pas que je fais cela par bienveillance, éloignés qu'ils sont de savoir* [...] *que moi je ne joue nullement ce genre de rôle par malveillance, mais qu'il ne m'est d'aucune façon permis de concéder le faux et d'affaiblir l'éclat du vrai.* »
>
> **Platon, *Théétète*, 151 d, trad. M. Narcy, éd. GF, 1994 p. 152.**

Malgré les apparences, ce n'est pas la malveillance ou l'orgueil qui inspirent la réfutation, mais au contraire la bienveillance et le souci du vrai. Le raisonnement dialectique n'est pas une argumentation qui cherche le consensus, car la vérité brise toujours le consensus que l'opinion, les préjugés et les mensonges ont contribué à mettre en place. Telle est la signification la plus profonde du personnage de Gregory House : il est tout

1. L'exercice est radicalisé au début de la saison 4 quand House convoque un amphithéâtre entier de jeunes internes pour remplacer son équipe de diagnosticien. À chaque mauvaise réponse, à chaque hypothèse qui ne passe pas l'épreuve de la réfutation, le jeune médecin est réellement exclu de la compétition.

entier voué à son métier qui est de faire surgir la vérité du mensonge et le savoir de l'ignorance. Lui qui est prêt à transgresser toutes les règles de l'éthique médicale, de la loyauté professionnelle et même de l'amitié, il y a pourtant une valeur qu'il ne lui est pas permis de bafouer : c'est la vérité. Telle est la clef de l'originalité du personnage, mais telle est la raison de sa solitude aussi.

Diagnostiquer un cas énigmatique et sauver les corps des mensonges qui les rongent sont une seule et même chose quand on regarde *Dr House*. La vérité se construit par un double dialogue de la raison avec l'expérience d'une part, et de la raison avec l'opinion d'autre part. Dans les deux cas pourtant, quelle que soit la méthode, la vérité est le résultat d'un test, d'une lutte, d'une résistance à une tentative de réfutation.

Pourquoi Greg House est-il si désagréable ? Parce qu'il est un homme pour qui la vérité, la vérité absolue, est la seule valeur qui puisse être respectée. Son ironie est à la fois une technique de raisonnement puisqu'elle sert à réfuter la fausseté et la contradiction des opinions de ses collègues, mais elle est aussi une manière de vivre, car elle permet de confronter tous ceux qui l'entourent, Wilson, Foreman, Chase, Cameron, comme tous les patients qu'il croise, à leurs propres mensonges et de les aider ainsi à mettre un peu plus de vérité dans leur existence.

Cet art de la réfutation et cette exigence de vérité ont valu à Socrate un procès et une condamnation à mort. Espérons que cette même pratique de la réfutation et ce même goût pour la vérité n'exposeront pas House aux mêmes ennuis...

Références

Titre original	*House, M.D* puis *House*
Titre français	*Dr House*
Créée par	D. Shore
Nombre de saisons	5 saisons (6e en cours de production) 97 épisodes
1re diffusion	2004 (USA) 2006/2007 (France)
Vidéographie (zone 2)	1 coffret DVD par saison (1 à 4), 1 coffret intégral saison 1 à 3 Fox

Perdus sur une île déserte, les hommes sont-ils naturellement sociables ?

LOST

Lost, les disparus

✓ La société

« "Every man for himself" is not gonna work. It's time to start organize[1]*. » (1x5)*

Ce qu'on laisse derrière soi...

Il faisait sans doute beau ce matin-là à Sydney, quand les passagers du vol Oceanic 815 à destination de Los Angeles finissaient d'embarquer. Comme toujours dans ces moments-là, on pense à ce qu'on laisse derrière soi, on pense à ce que l'on va trouver à l'arrivée, ou on se soucie des conditions matérielles du voyage : y aura-t-il des repas servis à bord, y aura-t-il suffisamment de place pour les jambes, pourrai-je garder un sac sur les genoux ? Mais qui prend le temps d'observer les autres voyageurs et de voir s'ils feraient de bons compagnons survivants en cas de crash de l'avion sur une île déserte ?

---

1. « *"Chacun pour soi" ça ne marchera pas. Il est temps de s'organiser* » (1x5).

Lost, les disparus, raconte les aventures d'un groupe de survivants au crash de leur avion sur une île déserte. Après le choc de l'accident, la cinquantaine de survivants tente de survivre en attendant les secours. Plusieurs personnalités se distinguent au fur et à mesure et s'imposent, plus ou moins volontairement d'ailleurs, comme leaders du groupe. Rapidement pourtant, de curieux événements vont semer le trouble : plusieurs jours passent sans aucun signe des secours et il n'est pas si sûr que l'île soit déserte... et il n'est pas sûr que tous soient réunis par hasard...

Dès les premières images, on pense aussi bien au roman de D. Defoe, *Robinson Crusoé,* qu'à celui H.G. Wells, *L'île du Dr Moreau,* et l'on comprend que l'île, ou plutôt le mystère qu'elle recèle, devient le personnage principal de la série. Parallèlement à ce mystère, chaque survivant porte en lui une part mystérieuse qu'il essaie de dissimuler aux autres survivants. Les révélations sont alors concomitantes : plus on en apprend sur l'île, plus on en apprend sur chacun des personnages, comme si tous les destins étaient liés. Apparemment, pourtant, les 14 personnages principaux de la 1re saison sont réunis là totalement par hasard, par *accident* précisément. Chacun laisse derrière lui un passé et des histoires que l'on découvre à l'occasion de multiples flash-backs, centrés, à chaque épisode, sur un personnage plus particulier. De la sorte, l'habile écriture des scénaristes articule les portraits individuels et les actions collectives, contribuant à inscrire dans la forme même ce qui devient le problème central de cette saison : comment des hommes qui ignorent tout les uns des autres peuvent-ils cohabiter ?

De fait, la cohabitation sur cette plage n'est pas des plus confortables. De même que le climat tropical alterne brutalement entre des moments de grande chaleur et de fortes pluies, le climat entre les survivants passe brutalement de la coopération et de l'entraide à la suspicion et à l'affrontement. La moindre étincelle met le feu aux poudres et les fortes personnalités que sont Sawyer, Jack, Sayid ou Kate s'affrontent régulièrement à propos de l'usage des médicaments ou des instruments qui ont pu être récupérés de l'avion. Ces réactions sont assez surprenantes :

tout devrait en effet pousser les survivants à coopérer et à s'entendre pour s'organiser au mieux. Comment comprendre que ces personnages ne s'accordent pas spontanément ? Est-ce à dire que la sociabilité n'est pas une tendance naturelle de l'humanité ?

Les disparus : une communauté spontanée ?

Autant dire que ces compagnons d'infortune ne ressemblent pas à ceux que le philosophe grec Aristote (IVe siècle av. J.-C.) décrit dans l'*Éthique à Nicomaque* pour expliquer le rapport entre l'individu et la communauté :

> « *En toute communauté,* écrit-il, *on trouve, semble-t-il, quelque forme de justice et aussi d'amitié coextensive : aussi les hommes appellent-ils du nom d'amis leurs compagnons de navigation et leurs compagnons d'armes, ainsi que ceux qui leur sont associés dans les autres genres de communauté*[1]. »

Cela revient à dire que les hommes recherchent naturellement l'amitié de leurs semblables, parce qu'il est impossible qu'ils se suffisent à eux-mêmes. Aristote définit l'amitié comme le sentiment d'appartenir à une même communauté et le soin que l'on apporte à l'autre et aux biens des autres. Mais ce n'est pas seulement un affect : il diffère aussi de l'amitié au sens actuel du terme en ceci qu'il s'applique à tous les hommes de la Cité, et non pas seulement à ceux que je connais et que j'aime bien : « *c'est dans une mise en commun que consiste l'amitié* ». Si donc les hommes sont naturellement sociables, c'est qu'ils ont la possibilité naturelle de poser des jugements sur ce qui est juste et injuste, sur ce qui est bien et mal, et de partager ces jugements, et de les avoir en commun, grâce au langage. Si l'homme est selon la célèbre formule du philosophe grec « *un animal politique*[2] », c'est parce qu'il est naturellement doté du langage et que cette disposition est ce qui rend possible le fait de nouer des amitiés et de vivre ensemble. Pourquoi les personnages mis en scène dans *Lost* ont-ils tant de mal à s'entendre ? Pourquoi Jin peut-il dire à sa femme Sun : « *Ne t'inquiète*

---

1. *Éthique à Nicomaque*, VIII, 11 trad. J. Tricot, Vrin, 1994, p. 407.
2. Aristote, *Les Politiques*, I, 2, trad. Pellegrin, GF, p. 91.

pas pour les autres, reste avec moi » (1x1) ? Pourquoi Sawyer se fait-il traiter de « *parasite* » par les autres (1x7) ? Et pourquoi Shannon passe-t-elle les premiers jours à bronzer sur la plage au lieu de se rendre utile comme le lui demande son frère Boone ? Alors qu'une amicale sociabilité devrait les pousser à coopérer, pourquoi les survivants sont-ils si souvent au bord du conflit ?

Fiction télévisée et fiction philosophique : l'hypothèse de l'état de nature

Peut-être simplement parce que les hommes ne sont pas naturellement sociables et que l'association d'individus aussi différents n'a rien de spontané ? À force de vivre quotidiennement dans une société ordonnée, on en est venu à oublier les raisons d'une telle association. Et pourtant il suffit de regarder les premiers épisodes de *Lost* pour comprendre que vivre ensemble, « faire société », n'a rien d'évident. Ce constat est aussi le point départ des philosophes de la période moderne (XVIe et XVIIe siècles) lorsqu'ils tentent de penser les rapports de l'individu et de la société. Contrairement au naturalisme d'un Aristote pour qui la constitution de la cité est une tendance naturelle de l'humanité, ces philosophes élaborent une théorie contractualiste de la société civile et du pouvoir politique. Comme son nom l'indique, le contractualisme soutient que la constitution de la société civile et du pouvoir politique repose sur un contrat tacite que passent les individus. Pour vivre ensemble, pensent-ils, il faut que les hommes se mettent d'accord et le décident. La naissance de la société n'est pas spontanée mais dépend de la liberté de chacun. Autrement dit, même si chronologiquement l'existence de la société précède le plus souvent la naissance de chaque individu, logiquement (du point de vue de ce qui la rend possible), la société repose sur la volonté de ses membres. Reste à justifier une telle décision : comment expliquer que la sociabilité des hommes ne soit pas inscrite dans la nature humaine ? Si l'on veut répondre, il faut construire une théorie qui décrive une nature humaine indépendante de la vie en société. Ainsi apparaît dans les écrits des philosophes contractualistes : la théorie de l'état de nature. Est-ce alors un hasard si le personnage de Locke dans la série, dont Jack dit que « *c'est le plus lucide d'entre nous* », (1x5) porte le même nom qu'un de ces philosophes de l'état de nature : l'Anglais John Locke (1632-1704) ?

Pas vraiment, puisqu'on s'aperçoit assez vite que *Lost* est une mise en scène très concrète de cette hypothèse de l'état de nature imaginée, non seulement par Locke (le philosophe), mais aussi un peu avant lui par un autre philosophe anglais : Thomas Hobbes (1588-1679). Opposé à l'état civil, c'est-à-dire à la société civile, pour Hobbes comme pour Locke, l'état naturel des hommes est un état d'égale liberté. En dehors de l'état civil, les hommes sont tous également libres de poursuivre leurs intérêts et d'assurer par là les moyens de leur survie. Il n'y a pas de subordination naturelle des intérêts de certains à d'autres : nul n'est par nature soumis à l'autorité d'un être. Ainsi ce n'est pas parce que Jack semble avoir une autorité naturelle qu'il peut imposer quoi que ce soit au groupe des survivants : il a beau dire qu'il faut aller se réfugier près des grottes et de la source, la moitié du groupe décide tout de même de rester sur la plage, avec Sawyer. Bien que les descriptions hobbienne et lockéenne de l'état de nature soient différentes, elles peuvent toutes deux se lire à travers les péripéties des survivants du vol Océanic 815 perdus sur cette île mystérieuse, notamment à travers les deux personnages types que sont Sawyer et Jack.

Sawyer ou l'état de nature selon Hobbes

À partir de ce constat commun d'égale liberté, Hobbes déduit que l'état de nature est un état de guerre, tandis que Locke le décrit comme un état de paix. Le premier écrit ainsi :

> « *Les esprits des hommes sont de cette nature, que s'ils ne sont retenus par la crainte de quelque commune puissance, ils se craindront les uns les autres, ils vivront entre eux en une continuelle défiance et comme chacun aura le droit d'employer ses propres forces en la poursuite de ses intérêts, il en aura aussi nécessairement la volonté.* [...] *Ainsi, le fondement que j'ai jeté demeurant ferme, je fais voir premièrement que la condition des*

hommes hors de la société civile (laquelle condition permettez-moi de nommer l'état de nature) n'est autre que celle d'une guerre de tous contre tous ; et que durant cette guerre, il y a un droit général de tous sur toutes choses. Ensuite que tous les hommes désirent, par une nécessité naturelle, de se tirer de cet odieux et misérable état dès qu'ils en reconnaissent la misère. Ce qu'ils ne peuvent point faire, s'ils ne conviennent entre eux de céder de leurs prétentions et de leur droit sur toutes choses »

Hobbes, *Le citoyen*, (1642), Préface, éd. Garnier-Flammarion, 1982 trad. S. Sorbière, p. 71-73.

Ainsi Hobbes pense l'état de nature comme un état d'insécurité et de peur permanente, car la liberté naturelle de chacun n'est pas limitée par un pouvoir politique. Les besoins étant communs, la nécessité de survivre aussi, il s'ensuit une concurrence brutale des libertés, une sorte de « loi de la jungle », comme s'en amuse Sawyer devant Jack en lui reprochant à lui d'être « *en pleine civilisation* » (1x3). Sur l'île, en peu de temps, la méfiance et la peur gagnent chacun des survivants. Sawyer est le centre de toutes les suspicions : il ne pense qu'à lui et accapare parmi les restes de l'avion tout ce dont il pourrait avoir besoin pour survivre sans jamais se soucier des autres, puisque tel est son droit naturel. Avec lui, le conflit est permanent et à propos de tout, personne ne lui fait confiance et il sera même torturé par Sayid et Jack.

Si donc l'homme n'est pas naturellement disposé à vivre en société, c'est parce qu'il est fondamentalement un être indépendant. La difficulté, c'est que cette vie naturelle devient nécessairement misérable, car elle manque d'une condition essentielle : la sécurité. Il suffit alors que l'on en prenne conscience pour désirer en sortir. Hobbes pense alors le passage à l'état civil et à la vie en société comme un contrat d'échange : la liberté contre la sécurité. La vie en société repose sur l'abandon des prétentions de la liberté naturelle au profit d'une puissance supérieure – le souverain – qui assure en échange la sécurité de tous. La série ne met pas explicitement en scène cet échange, mais on constate juste que Sawyer accepte de partager ses biens et de coopérer en échange d'une place sur le radeau construit par Michael. En ce qui concerne les autres survivants, les quelques moments de coopération et d'organisation se font sous la pression d'une crainte commune supérieure : celle des « Autres ». La peur s'impose donc comme la passion fondamentale de la nature humaine décrite par Hobbes, en même temps qu'elle est la cause du passage à un état social. Où l'on comprend que la théorie de la société dépend fortement de la description donnée à l'état de nature.

Jack ou l'état de nature selon Locke

Tout aussi libre et indépendant que l'homme naturel décrit par Hobbes, l'homme naturel défini par Locke se distingue néanmoins en ce qu'il est naturellement raisonnable. Le personnage de Jack est plus proche de cette description, comme on peut s'en rendre compte à travers l'extrait suivant :

> « *L'état de nature a la loi de nature, qui doit le régler, et à laquelle chacun est obligé de se soumettre et d'obéir : la raison qui est cette loi, enseigne à tous les hommes, s'ils veulent bien la consulter, qu'étant tous égaux et indépendants, nul ne doit nuire à un autre* [...]. *Chacun donc est obligé de se conserver lui-même, et de ne quitter point volontairement son poste pour parler ainsi. Et lorsque sa propre conservation n'est point en danger, il doit, selon ses forces, conserver le reste des hommes, et à moins que ce ne soit pour faire justice de quelque coupable, il ne doit jamais ôter la vie à un autre* [...]. *J'assure donc encore, que tous les hommes sont naturellement dans cet état, que j'appelle état de nature, et qu'ils y demeurent jusqu'à ce que, de leur propre consentement, ils se soient faits membres de quelque société politique* [...]. »
>
> John Locke, *Traité du gouvernement civil* (1690), ch. 2, § 6, 15 ; trad. D. Mazel, éd. Garnier-Flammarion, 1992, p. 145,153.

Chez Locke, toute la moralité est présente dès l'état de nature : les hommes sont naturellement raisonnables, justes et responsables. Ils ont donc le devoir de se porter assistance. Ainsi Jack est-il « fidèle au poste » et sans hésiter, il porte secours aux autres dès qu'il se réveille du choc du crash. Il n'hésite pas non plus à essayer d'organiser le groupe en mutualisant les ressources récupérées de l'avion, à continuer de soigner les survivants ou à partir à la recherche de Charlie et de Claire quand ils se font enlever. Mais quand l'attitude de Sawyer lui semblera injuste, il n'hésitera pas non plus à recourir à la violence.

De la même façon, le personnage de Locke, dans la série, est fidèle à la description que fait de lui son homonyme philosophe et il n'est donc pas surprenant qu'il devienne un allié de Jack. Locke (le personnage) est un être raisonnable qui fait confiance à la liberté et à la raison des autres. Il aidera Charlie à surmonter sa dépendance à l'héroïne en faisant confiance à sa propre raison et en s'adressant à sa responsabilité.

Si les hommes, comme le pense le philosophe Locke, sont naturellement dotés d'une raison, ils ne sont pourtant pas tous capables de la consulter et de s'y tenir. De plus, il n'est pas toujours facile ou possible de faire justice soi-même et de se protéger de ceux qui n'écoutent plus leur raison. L'état de nature peut facilement basculer dans un état de guerre. Locke explique alors le passage à l'état civil par le souci de confier à une autorité supérieure la mission de trancher les conflits et ainsi de protéger la liberté de chacun. Là encore, la version de l'état de nature détermine le fondement et la fonction de l'état civil.

Malgré leur différence, les deux théories de l'état de nature pensées par Hobbes et Locke permettent de justifier l'idée selon laquelle les hommes n'entrent pas en société de façon spontanée, mais à partir d'une décision libre et qu'ainsi l'humanité de l'homme est indépendante de son état social. Cette hypothèse est donc doublement nécessaire : elle permet d'expliquer, en fonction d'une certaine description de la nature humaine, la logique du passage à l'état social. Et elle offre en même temps une sorte de critère d'évaluation de la société civile et du pouvoir politique historiquement constitués. Une société civile, pour être juste, devrait assurer la sécurité et la tranquillité de ses membres, en échange de leur renoncement à l'usage de leur liberté naturelle. On peut le dire autrement : il n'y a pas de société réelle entre des hommes si la coexistence pacifique de leur liberté n'est pas assurée par une autorité supérieure chargée de faire respecter leur droit naturel. Ainsi le lien social n'est pas un lien affectif, ce n'est pas non plus seulement une communauté d'intérêt, mais c'est un consentement mutuel à une certaine organisation des libertés individuelles, au nom de la justice.

Avec le crash de l'avion, les scénaristes de la 1re saison de *Lost* mettent en scène la suppression brutale de la société civile et de ses institutions. Puisqu'il suffit d'un accident pour la faire disparaître et pour qu'éclate au grand jour l'individualisme de chacun, cette série montre bien la fragilité des sociétés humaines. Il ne faut pas grand-chose pour que des hommes civilisés retournent à la condition primitive de l'humanité et renouent avec ces expériences fondamentales qu'étaient la chasse, la pêche ou la vie dans la forêt.

Plus profondément, l'observation des péripéties et des relations de ces « disparus » valide la conception contractualiste de la société civile, par rapport à une conception naturaliste, selon laquelle la sociabilité est une disposition naturelle de l'humanité. Vivre ensemble, « faire société », n'est pas une évidence, parce que les hommes sont naturellement libres et égaux. En même temps, c'est le meilleur choix à faire, si l'on veut faire plus que simplement survivre, comme perdus sur une île déserte.

Références

Titre original	*Lost*
Titre français	*Lost, les disparus*
Créée par	J.J. Abrams, Damon Lindelof, Jeffrey Lieber
Nombre de saisons	4 (5 et 6e en cours de production) 71 épisodes
1re diffusion	2004 (USA), 2005 (France)
Vidéographie (zone 2)	1 coffret DVD par saison (1 à 3) Buena Vista Home Entertainment

Dexter Morgan est-il un justicier ou un meurtrier?

DEXTER

✓ La justice

« Il y a toujours un moyen de rétablir l'ordre. » (1x2)

Les liens du sang

Sous des airs bien connus de série policière, *Dexter* cache cependant une étrange ambivalence. L'opposition habituelle entre le policier et le criminel se situe ici à l'intérieur du même personnage. Le jour, Dexter Morgan est expert médico-légal pour la police de Miami : il analyse les projections de sang laissées sur les scènes de crime et participe ainsi au travail de la justice en aidant à la traque légale des tueurs. Mais la nuit, il se lance dans une autre chasse avec de nouvelles règles et devient tueur en série de tueurs. Pendant toute la 1re saison, personne ne se doute de ses activités nocturnes et surtout pas sa sœur, Deborah, elle-même policier, ni même sa petite amie, Rita. Dexter est devenu un maître dans l'art de la dissimulation. Depuis sa plus tendre enfance, il ressent des pulsions meurtrières. Mais son père lui a appris à les maîtriser en les mettant au service d'un certain idéal de justice. Justicier de l'ombre, il punit en les éliminant les criminels qui, pour une raison ou une autre, échappent à la justice des hommes. L'action alterne ainsi entre la plus grande douceur comme lorsque Dexter plaisante avec sa sœur ou joue avec les enfants de

Rita, et la plus grande des violences, comme lorsqu'il enfonce la mèche d'une perceuse dans le crâne d'une de ses proies. De même tout se passe à Miami, présentée elle aussi comme une ville aux deux visages avec d'un côté des saveurs douces et épicées, du soleil et de la musique plein les rues, et, d'un autre côté, une ville à la géographie morbide, dans laquelle on retrouve des corps en morceaux et des chambres d'hôtel inondées de dizaines de litres de sang. Entre tous ces différents visages, ces ambivalences et ces contradictions, seul le sang fait le lien, élément commun au jour et à la nuit et à propos duquel toute la question est de savoir si l'on peut justifier le fait qu'il soit versé.

La tension particulière de cette série naît donc de l'ambivalence du rapport de son personnage principal à la justice : Dexter est un tueur qui tue, certes, mais pour rendre justice. D'un côté on ne peut que comprendre son souci de rétablir l'ordre en punissant des criminels qui resteraient sinon impunis par la justice des hommes. D'un autre côté on ne peut qu'être dérangé par la transformation du justicier en bourreau. La violence des châtiments qu'il inflige renverse les valeurs et finirait presque par transformer le criminel en victime. Entre punition et vengeance, entre mesure et violence, le personnage de Dexter met à l'épreuve toutes nos certitudes établies en termes de justice et incarne le drame d'une justice qui tente de réparer l'irréparable : l'infinie de la souffrance humaine. Suffit-il de rendre coup pour coup pour que justice soit rendue ? Punir le criminel permet-il de corriger le crime ? Si d'un côté Dexter fait en sorte de ne pas laisser de crimes impunis, d'un autre côté, le moyen qu'il emploie ne fait que répéter la violence à laquelle la justice devait mettre un terme. Finalement, Dexter est-il un justicier qui va au bout de son idéal ou un meurtrier un peu plus malin que les autres ?

Entre légalité et légitimité : la figure du justicier

La première expérience de la justice est souvent une expérience négative. On est confronté à son absence ou à sa privation à travers l'expérience de l'injustice. Dès que l'on subit un tort, l'indignation est immédiate et les enfants eux-mêmes, dès leur plus jeune âge ont déjà le réflexe de s'exclamer « c'est injuste ! ». Personne n'est insensible à l'injustice et tout le monde semble capable de la reconnaître. Le justicier se distingue pourtant des autres hommes parce que pour lui la justice instituée par les hommes ne correspond pas à la justice idéale dont il a conscience. Dès lors, le justicier n'est-il pas celui qui prend le risque d'une certaine injustice pour réaliser un idéal supérieur de justice ? Mais est-ce seulement cohérent ?

Depuis la figure mythique d'Antigone, qui décide d'enterrer son frère Polynice, malgré les lois que son oncle Créon a instituées et qui interdisent une telle inhumation, le justicier est celui qui fait régner un principe de justice supérieur, souvent d'origine divine, là où la justice des hommes laisse subsister de l'injustice. Antigone s'érige en justicière parce qu'elle proclame qu'aucune loi humaine ne peut aller contre les lois de la justice naturelle qui se révèlent à la conscience de tout homme. Être juste revient ainsi à suivre ces lois supérieures, même si pour cela il faut en venir à transgresser les lois des hommes. Dans la série *Dexter*, le héros incarne lui aussi une figure de justicier puisqu'il ne supporte pas que certains criminels puissent échapper à la justice des hommes. Mais comment dire que ces personnages sont justes alors même qu'ils désobéissent aux lois ? De telles révoltes n'introduisent-elles pas une contradiction au cœur même de la notion de justice ? La figure d'Antigone, tout comme celle de Dexter, invite en fait à distinguer, à la manière d'Aristote (IVe siècle av. J-C) deux façons d'être juste. « [...] *de toute évidence, l'homme juste sera à la fois celui qui observe la loi et celui qui respecte l'égalité*[1] », écrit-il, délimitant par là deux significations de la justice : la légalité – suivre les lois – et la légitimité – respecter le principe d'égalité. Antigone et Dexter sont tous les deux justes dans le second sens. Antigone suit les lois de Zeus qui prescrivent une égalité de traitement pour tous les morts, quelles que soient les fautes qu'ils aient pu commettre au cours de leur vie. Dexter, lui, suit le précepte de son père adoptif qui lui enseigne qu'on « *tue pour servir un but*

---

1. Aristote, *Éthique à Nicomaque*, V, 2, 1129 a, trad. J. Tricot, éd. Vrin, 1994.

valable sinon c'est un simple meurtre, compris? » (1x3). Or dans l'esprit de Harry, le but valable, c'est punir le criminel en lui ôtant la vie, comme il a ôté la vie de sa victime. Dexter comprend cet idéal d'égalité comme une exigence de rétablir l'ordre, comme il le répète souvent, et par là comme un moyen de rendre effectivement justice. Bien qu'il ne respecte pas la loi de son pays, Dexter incarne une figure de justicier, puisque comme Antigone, ses actes respectent l'idéal d'égalité de la justice. Bien qu'ils ne soient évidemment pas légaux, les meurtres que commet Dexter seraient donc légitimes parce qu'au nom du principe d'égalité, il refuse l'injustice qu'il y aurait à laisser un criminel impuni. Si le criminel a versé le sang d'un innocent, il est juste qu'à son tour, son sang soit versé. Mais l'égalité permet-elle vraiment de définir la justice? Suffit-il de rendre la pareille pour que justice soit rendue?

Rendre justice = rendre la pareille?

Mettre l'égalité au principe de la justice comme le fait Dexter au cours de ses chasses nocturnes trouve, semble-t-il, une formulation adéquate dans la fameuse loi du talion « *œil pour œil, dent pour dent* ». Dexter punit ceux qui ont fait couler le sang d'innocentes victimes en faisant couler leur sang. Or, bien qu'elle exprime une parfaite égalité, on pense souvent que cette loi est une loi de vengeance infinie et de cruelle répétition de la violence qui n'aurait donc rien à voir avec le fait de rendre justice. Mais lorsqu'elle est correctement comprise, elle est pourtant une loi de justice, comme l'explique le philosophe Emmanuel Levinas (1905-1995), loin des nuits chaudes de Miami, dans un chapitre de son livre *Difficile liberté*, d'où est extrait le texte suivant:

> « *Ah! la loi du talion. Que de pieuses colères soulèves-tu dans un monde où ne règnent par ailleurs que douceur et amour!*
>
> *"Si quelqu'un fait périr une créature humaine, il sera mis à mort. S'il fait périr un animal, il le paiera corps pour corps. Et si quelqu'un fait une blessure à son prochain, comme il a agi lui-même, on agira à son égard: fracture pour fracture, œil pour œil, dent pour dent; selon la lésion qu'il*

aura faite à autrui, ainsi lui sera-t-il fait. Qui tue un animal doit le payer et qui tue un homme doit mourir. Même législation vous régira, étrangers comme nationaux ; car je suis l'Éternel votre Dieu à tous [1]*"* [...].

Fracture pour fracture ! Sévères paroles mais nobles d'exigence. Dans leur rigueur, elles commandent de très haut. Admirons-en la fin, du moins, qui énonce l'unité du genre humain.[...] *Dent pour dent, œil pour œil – ce n'est pas le principe d'une méthode de terreur ;* [...] *ce n'est pas une façon de se complaire dans la vengeance et la cruauté où baignerait une existence virile.*[...] *Le principe d'apparence si cruel que la Bible énonce ici ne recherche que la justice. »*

Levinas, *Difficile liberté*, éd. Albin Michel, 1963 et 1995, p. 194-196.

De la vengeance à la punition : une loi de justice

Si Dexter fait bien œuvre de justice lorsqu'il tue des tueurs, c'est parce qu'il ne cherche pas à se venger, mais simplement à punir. Dans la vengeance, il n'y a pas d'intervention de tierce personne extérieure au conflit et la violence de la réponse dépasse souvent celle de l'outrage subi. Du coup, si celui qui se venge est bien animé d'une intention de justice – ne pas laisser un crime impuni et réparer le tort qu'il a subi –, le moyen qu'il emploie – la violence d'un outrage supérieur – est contradictoire avec le but poursuivi puisqu'il entraîne une répétition de la violence au lieu d'y mettre un terme. Mais en codifiant la réponse à l'outrage, cette fameuse loi du talion rend possible la naissance d'une punition distincte de la vengeance. La punition induite par cette loi se distingue en effet de la vengeance en ce qu'elle fait intervenir le jugement d'un arbitre et qu'elle est strictement proportionnée au crime commis, comme l'exprime tout le système d'équivalence que détaille le texte biblique[2]. La punition est juste quand elle est infligée comme l'inflige Dexter, c'est-à-dire en respectant à la lettre le texte

1. Ceci est un extrait de la Bible, Lévitique, chapitre 24.

2. Le mot « talion » vient ainsi du démonstratif latin *talis* qui signifie « tel » et qui sert à établir l'égalité dans une comparaison.

de cette loi d'égalité[1]. Il agit sans implication personnelle, puisqu'il ne ressent aucun sentiment pour personne, et dans une stricte égalité entre le crime et la peine, puisqu'il ne verse que le sang de ceux qui l'ont versé auparavant, ni plus, ni moins. Ainsi, alors qu'il pourrait supprimer Paul, l'ex-mari de Rita, parce qu'il se remet à la battre, il respecte le principe d'égalité. Puisque Paul n'a pas tué, il ne sera pas tué. Mais puisqu'il ne respecte pas la liberté des autres, sa liberté ne sera pas respectée non plus. Dexter s'arrange pour qu'il soit pris en flagrant délit de violation de sa période de probation et qu'il soit renvoyé en prison. À chaque épisode, la série réaffirme un idéal de justice : celui de la nécessité que la punition soit équivalente au crime commis.

La loi du talion est une loi de justice parce qu'elle consiste à faire payer la dette exacte que le criminel a contractée en commettant son crime et non pas plus que cette dette. Autrement dit, elle permet de « *mettre un peu d'ordre dans ce chaos* » (1x1), pour reprendre une expression chère à Dexter. Mais il faut distinguer la lettre de la loi et l'esprit de la loi, rappelle plus loin Levinas. Si la lettre de la loi impose un système d'équivalence qui n'exclut pas la violence de la punition, son esprit semble au contraire un peu plus délicat.

■ De la punition à la correction (de la lettre à l'esprit) : une loi paradoxale ?

Dans l'esprit en effet, cette loi aspire à la douceur. Infliger une punition qui correspond exactement au crime commis : une fracture pour une fracture, un œil pour un œil, un mort pour un mort, revient à vouloir limiter l'escalade de la violence qu'une punition disproportionnée ne manquerait pas d'entraîner. L'égalité serait ainsi un principe de justice, parce qu'en

1. Dexter en a lui-même clairement conscience lorsqu'il dit par exemple : « *sans les préceptes de mon père j'aurai tout bonnement commis un meurtre* » (1x3). Par ailleurs, on peut aussi considérer, en faisant valoir une approche psychanalytique, que Harry, en donnant tous ces préceptes à son fils, permet à son Surmoi de se constituer. De cette manière ses pulsions meutrières pourront être sublimées vers un but moralement et socialement plus utile : rendre justice. Sur le fonctionnement du Surmoi et l'hypothèse de l'inconscient, on peut se reporter au chapitre sur l'inconscient.

prescrivant la mesure, elle limite l'escalade de la violence et empêche donc le conflit de reprendre. C'est donc bien d'abord l'esprit de retenue qui anime cette loi.

Plus encore, pour respecter l'esprit de cette loi, Levinas explique qu'il faut « *relire les versets relatifs aux blessures faites à l'homme, comme si la question des dommages devait l'emporter chez le juge sur la noble colère que suscite le méfait* », et un peu plus loin : « *L'humanité naît dans l'homme à mesure qu'il sait réduire les offenses mortelles à des litiges d'ordre civil, à mesure que punir se ramène à réparer ce qui est réparable et à rééduquer le méchant. Il ne faut pas une justice sans passion seulement. Il nous faut une justice sans bourreau*[1]. » Autrement dit, dans l'esprit, cette loi vise à mettre un terme aux supplices et aux châtiments que les hommes s'infligent lorsqu'ils sont emportés par la passion de la vengeance. En imposant l'égalité de la peine et du crime, il s'agit plutôt de passer à une justice corrective ou réparatrice dans laquelle la punition ne se justifie que dans l'exacte mesure où elle restaure l'égalité rompue par le crime et non parce qu'elle fait souffrir le criminel. Une dent pour une dent et un animal pour un animal désignent en fait des amendes et des dédommagements. Pour que la violence ne continue pas d'appeler la violence, la loi du talion invite donc les hommes à convertir la souffrance qu'ils s'infligent entre eux en des quantités évaluables pour que la punition puisse avoir lieu sur un autre terrain que celui de la violence physique.

Tel est « *le drame de la justice qui s'humanise* », comme l'explique Levinas : pour faire cesser la violence et pour que la vie sociale soit possible, il faut que la punition ne soit pas trop violente – une justice sans passion ni bourreau –, mais en même temps si la punition n'est pas suffisamment violente, elle semble ne pas tenir compte de la profondeur de la souffrance subie par la victime. De la même manière, pour faire cesser la violence, le meilleur moyen semble de « *rééduquer le méchant* » en telle sorte qu'il ne récidive pas, mais en même temps, s'il n'est pas puni pour ce qu'il a fait,

1. Levinas, *Difficile liberté*, éd. Albin Michel, 1963 et 1995, p. 194-196.

on redouble l'injustice faite à la victime. Comment donc rendre la justice de façon légitime ? Est-ce seulement possible ?

Le drame de la justice humaine

Pour Levinas, ce paradoxe de la justice humaine est inextricable parce que celle-ci est tout simplement prise dans un piège. La justice, en tant que justice humaine, ne peut pas avoir d'autre but que la fin de la violence, c'est-à-dire la paix et la douceur entre les hommes. Or si la question de la justice se pose, c'est qu'il est trop tard : des hommes ont déjà fait souffrir d'autres hommes, des hommes ont déjà refusé de reconnaître la liberté de certains autres hommes. Le problème c'est que ce refus de reconnaissance est proprement irréparable par une punition, comme le reconnaît Levinas : « *Et toute l'éternité et tout l'argent du monde ne peuvent guérir l'outrage qu'on a fait à l'homme*[1]. » Rien ne peut réparer cette offense si ce n'est le pardon librement demandé et librement consenti, mais avec lequel la justice des hommes n'a rien à voir.

Dans la 1re saison de ses aventures, le personnage de Dexter incarne un idéal de punition qui ne cède pas à l'allègement de la violence que demande pourtant la justice des hommes et que signifie en son esprit la loi qu'il applique, lui, à la lettre et sans faillir. Il a beau rendre une justice sans passion et ne pas verser dans la démesure de la vengeance, il incarne néanmoins une justice *avec* bourreau, qui n'a justement pas peur du sang, et qui veut aller chercher, jusque dans la souffrance des corps des coupables, la réparation de la souffrance causée. Cela lui permet-il de rendre effectivement la justice ?

Certes Dexter punit là où la justice instituée laissait parfois échapper le criminel sans le punir. Et c'est ce qui permet de témoigner en sa faveur en reconnaissant que les meurtres qu'il commet puisent réellement à une intention de justice. Mais ce n'est pas pour cela que la justice est complètement rendue. Dexter finit malgré tout par se heurter à l'impossibilité de

1. Levinas, *Difficile liberté*, *op.cit.*, *Ibid.*

rendre réellement la justice parmi les hommes. La peine de mort infligée au criminel ne permet pas de faire revenir les victimes dont la vie a été prise. Ce n'est pas parce qu'il ne s'impose aucune limite quant aux moyens de ses punitions qu'il peut réparer l'injustice commise. Ainsi à ceux qui accusent la série *Dexter* de militer implicitement pour la peine de mort, on peut répondre qu'au contraire elle en montre la vanité ou l'inutilité. Chaque épisode montre que l'exécution du meurtrier ne répare rien et que le crime est une « *blessure qui saigne pour tous les temps* », comme dit Levinas. Faire couler le sang des meurtriers ne permet pas d'arrêter l'éternelle hémorragie de la souffrance humaine. Dès lors il faut convenir que la justice ne peut pas être rendue de manière tout à fait complète, puisque l'égalité ne peut pas être réellement restaurée. On comprend aussi à la fin de la 1re saison que cette contradiction constitue toute la clef du passé mystérieux de Dexter.

Finalement, la complexité du personnage de Dexter reflète la complexité qu'il y a pour les hommes à rendre justice ou à faire justice, après que des crimes ont été commis. La difficulté principale tient au fait que la justice humaine n'a pas d'autre choix pour être juste que de suivre un principe d'égalité et d'entrer ainsi dans une logique de correction – au risque sinon de se confondre avec la vengeance –, alors que les crimes qu'elle doit punir sont le plus souvent irréparables. Rendre justice revient donc à hésiter en permanence entre punir et corriger, puisque punir ne permet pas de corriger et que corriger ne suffit pas à punir. Au moment de sévir et d'érafler la joue de sa proie pour en prélever une goutte de sang, Dexter, lui, n'hésite jamais. Son assurance au moment d'agir fait de lui un meurtrier, même si les intentions qui l'animent sont celles d'un justicier.

Références

Titre original	*Dexter*
Titre français	*Dexter*
Créée par	James Manos Jr.
Nombre de saisons	3 saisons – 36 épisodes (4e et 5e en cours de production)
1re diffusion	2006 (USA), 2007 (France)
Vidéographie (zone 2)	1 coffret DVD par saison (1 à 2) ; Showtime et Paramount

Changer, est-ce devenir quelqu'un d'autre ? Le cas Sydney Bristow

ALIAS

✓ Le sujet
✓ La conscience

"My name is Sydney Bristow and I am a double agent[1]*"* (1x2)

L'art de changer de visage comme de robe...

Dès son titre, la série *Alias* annonce la couleur : il sera question de dissimulation et de changement d'identité. En effet, le mot *alias* est un adverbe qui signifie « autrement » et qui sert à présenter un autre nom ou un surnom sous lequel une personne est connue ou sous lequel elle se dissimule. L'adverbe se transforme même parfois en nom commun et « *un alias* » désigne alors directement la fausse identité d'une personne. Or, s'il y a un personnage qui présente plusieurs visages, c'est bien Sydney Bristow, la jeune héroïne de la série. Espionne de choc et de charme, elle change de visage et d'identité à chacune de ses missions, aussi facilement,

1. *« Je m'appelle Sydney Bristow et je suis un agent double. »*

d'ailleurs, qu'elle voyage aux quatre coins du monde. Elle parle une bonne dizaine de langues sans accent et est aussi à l'aise déguisée en femme d'affaires, en call-girl de luxe, qu'en simple serveuse. Surtout, quelle que soit la robe qu'elle porte, celle-ci ne l'empêchera jamais de mettre KO ses ennemis, en deux ou trois enchaînements de kick-boxing.

Recrutée par le SD-6, censée être une branche clandestine de la CIA, Sydney découvre, au début de la saison 1, qu'elle travaille en réalité pour l'ennemi qu'elle croit combattre. Elle se présente alors à la CIA et devient agent double. Naturellement, toutes ses activités restent secrètes pour ses deux meilleurs amis, Francie et Will, l'obligeant à leur présenter un troisième visage : celui d'une Sydney Bristow travaillant dans une banque pour payer les études d'une quatrième Sydney Bristow, étudiante en littérature. Comme si cela ne suffisait pas, Sydney découvre que ses deux parents sont aussi des agents doubles. Pour toutes ces raisons on comprend donc assez bien que l'enjeu de la série soit de découvrir la véritable identité de Sydney. Mais est-ce seulement possible ? Comment rester soi-même quand on change autant ?

Double jeu : double « je » ? Le problème de l'identité personnelle

En regardant une série qui hésite elle-même entre plusieurs genres – comédie étudiante, drame d'espionnage, quête ésotérique ou roman d'apprentissage – et qui fait le récit des aventures d'un agent double, on en vient donc assez naturellement à se demander ce qui fait qu'une personne reste identique à elle-même et qu'elle ne change pas au gré de ses changements d'*alias*.

Dans la vie courante, bien qu'il ne se passe pas une journée sans que nous changions un peu, ne serait-ce qu'à cause du temps qui s'écoule, nous parlons pourtant toujours de nous-mêmes au singulier en disant « je » ou « moi », sans distinguer entre le « moi » que nous étions hier ou celui que nous étions il y a des années. L'habitude nous fait nous considérer nous et ceux que l'on croise régulièrement comme des personnes uniques qui restent elles-mêmes malgré tous les petits changements de l'existence. Mais y a-t-il seulement quelque chose comme un « moi » qui resterait le même et ferait l'unité de la personne ? Sur ce point, regarder *Alias* laisse un peu perplexe. Car si dans les deux premières saisons Sydney semble rester la même personne, malgré ses déguisements et son double jeu d'agent double, au tout début de la troisième saison pourtant on la découvre complètement perdue et ne sachant plus qui elle est vraiment. Elle ne se reconnaît pas sous les traits d'un de ses anciens *Alias*, Julia Thorne, ce qui laisserait penser qu'elle n'est plus la même personne. Qu'est-ce donc qu'une personne : un sujet fixe et permanent, une illusion ou une réalité variable sujette aux changements ?

Sydney Bristow est-elle une substance pensante ?

Lorsque l'on veut savoir, comme Sydney, qui l'on est vraiment c'est-à-dire ce qui ne change pas en soi, le premier réflexe est souvent de demander à nos proches : ceux qui, précisément, sont censés le mieux nous connaître. La difficulté, c'est que leurs jugements risquent de ne pas être très objectifs. Ils seront probablement déformés par le fait, précisément, qu'ils entretiennent une relation avec nous. Jack Bristow par exemple, le père de Sydney, ment délibérément à sa fille sur son enfance, sur la mort de sa mère, sur son recrutement et sur la réalité de sa mission, pour pouvoir mieux la protéger. Il reste alors la possibilité de se tourner vers soi-même : après tout, n'est-on pas soi-même le mieux placé pour connaître et étudier qui l'on est ? Mais vouloir se connaître soi-même revient à affronter un premier paradoxe. La connaissance implique qu'il y ait une relation entre un sujet qui connaît et un objet qui est connu. Pour qu'il y ait connaissance de soi, il faudrait donc que deux conditions soient réunies : que je puisse établir une relation de moi à moi et que je puisse dans le même temps me considérer comme un objet. Mais comment être en même temps le sujet d'un tel dédoublement et l'objet connu ?

Cela est possible grâce à la conscience que nous avons de nous-mêmes. Cette conscience réflexive désigne le savoir que l'on a de ses propres pensées et de son propre état intérieur. Lorsqu'on s'aperçoit par exemple, que l'on est heureux, ne dit-on pas que l'on en prend conscience ? Cette faculté peut-elle alors nous apprendre qui nous sommes ? Sydney, en quête de son identité personnelle, peut-elle se fier à la conscience qu'elle a d'elle-même ? Ce serait sûrement un bon conseil à lui donner à la condition que la conscience de nos propres pensées ne nous apprenne pas seulement ce que nous pensons, mais aussi que ces pensées sont les *nôtres*. Cela n'est possible que si la conscience de soi est dans le même temps une conscience de *ce que* nous sommes.

Tout le monde connaît la célèbre formule de Descartes (1596-1650) : « *Je pense donc je suis* », extraite de la 4e partie du *Discours de la méthode*, que l'on appelle aussi l'argument du *cogito*, et à travers laquelle le philosophe affirme que la conscience que l'on a de ses pensées implique immédiatement une connaissance certaine de sa propre existence. Mais on connaît un peu moins la suite dans laquelle Descartes montre que la conscience nous fait connaître ce que nous sommes :

> « [...] *je connus de là que j'étais une substance, dont toute l'essence ou la nature n'est que de penser, et qui, pour être, n'a besoin d'aucun lieu ni ne dépend d'aucune chose matérielle. En sorte que ce moi, c'est-à-dire l'âme par laquelle je suis ce que je suis, est entièrement distincte du corps, et même qu'elle est plus aisée à connaître que lui, et qu'encore qu'il ne fût point, elle ne laisserait pas d'être tout ce qu'elle est.* »
>
> **Descartes, *Discours de la méthode*, 4e partie, Paris, 1966, éd. Garnier-Flammarion, p. 60.**

De la conscience d'exister à la connaissance de soi...

Avec ces quelques lignes, Descartes passe de la conscience que l'on a de son existence – « *je pense donc je suis* » – à la connaissance de ce que l'on est – « *je connus de là* ». Que sommes-nous ? « *une substance* », un « *moi* » ou une « *âme* », répond Descartes, « *dont toute l'essence ou la nature n'est que de penser* ». Qu'est-ce que cela signifie ?

■ Ce que nous sommes : une substance pensante

Une substance est une réalité, un « quelque chose », qui n'a besoin de rien d'autre qu'elle-même pour exister et qui de ce fait existe de façon permanente, quand bien même certains de ses attributs changent. Elle est l'équivalent philosophique de l'âme dans le sens où l'âme désigne l'être d'une personne, ce qui reste le même malgré les changements que peut subir le corps. Le « moi » est donc une substance, mais une substance pensante. Descartes fonde donc la subjectivité, le « moi », sur la pensée et par conséquent, indissociablement, sur la conscience. Qu'est-ce qu'une personne ? C'est un être qui pense, c'est-à-dire qui *sait* qu'il pense, qui *sait* qu'il existe, et qui *sait* qu'il est cette aptitude à être conscient de ses propres pensées, indépendamment de toute incarnation. On peut dès lors changer de visage, parler une autre langue ou changer de robe, tout en restant la même personne, puisque ces changements ne sont que des changements matériels ou corporels et qu'ils ne touchent pas la véritable personne de Sydney, puisqu'elle se définit comme *substance pensante immatérielle.* Malgré tous les changements que la vie lui fait subir, Sydney peut donc rester elle-même, la même personne.

La philosophie cartésienne de la conscience permet donc d'élaborer une conception ontologique de la personne[1] : conception selon laquelle l'identité personnelle repose sur une substance, c'est-à-dire sur quelque chose qui ne change pas. Elle joue alors le rôle du point fixe qui est en même temps la condition pour qu'un changement *de la* personne – devenir agent double par exemple – n'entraîne pas un changement *de* personne – devenir quelqu'un d'autre. Mais suffit-il de réfléchir sur soi-même pour apercevoir son âme ? L'expérience confirme aisément que l'on peut avoir conscience que soi-même, on a faim, ou que soi-même, on voit du rouge, mais elle ne confirme pas le fait que l'on puisse avoir conscience de son moi, tout seul, sans tenir compte de l'état particulier où il se trouve. La substance pensante ou l'âme ne sont pas des données dont on puisse être immédiatement conscient. Mais si on ne peut pas en avoir conscience, si on ne peut

1. Selon la distinction faite par S. Chauvier dans son excellent petit livre, *Qu'est-ce qu'une personne ?*, Vrin, 2003.

pas la connaître immédiatement, comment être sûr que ce moi-substance existe ? Comme dans la série, l'identité personnelle ne serait qu'une fausse croyance à laquelle on se laisserait prendre, à ses risques et périls.

L'identité personnelle : une légende ?

Si comme Sydney l'on est à la recherche de sa propre identité, il semble qu'il faille renoncer à en prendre connaissance grâce à sa conscience. La conscience permet seulement d'apercevoir des actions ou des pensées particulières, ainsi que d'avoir la certitude d'exister (mais ce qui, dans le contexte de la série, n'est déjà pas mal).

De fait, comme dans la série, même si c'est probablement à un rythme moins soutenu, chacun de nous offre successivement, au cours de son existence, plusieurs visages à ses proches. N'arrive-t-il pas en effet que l'on soit surpris et qu'on en vienne à dire à un ami : « Je ne te reconnais plus » ou « je n'aurai pas cru cela de toi » ? Plus largement, le temps auquel chaque homme est soumis n'est-il pas le principal obstacle à la constitution d'une identité personnelle ? Qu'y a-t-il de commun en effet entre le petit enfant que j'étais et l'adulte ou le vieillard que je suis aujourd'hui ?

Pour toutes ces raisons et pour d'autres encore, le philosophe Nietzsche (1844-1900) en vient à refuser les idées d'une quelconque unité subjective ou d'une quelconque personnalité. Rester soi-même ne veut rien dire parce que, comme il l'écrit :

> « [...] *nous ne pouvons plus sentir l'unité du moi, nous nous trouvons toujours parmi une multiplicité d'êtres. Nous nous sommes scindés en plusieurs êtres et nous nous scindons toujours à nouveau.* » Et un peu plus loin : « *Nous contenons en nous l'ébauche de plusieurs personnes : le poète se trahit dans ses personnages. Les circonstances tirent de nous une certaine figure ; quand les circonstances changent beaucoup on découvre en soi deux, trois figures. À partir de chaque instant de notre vie, il y a de nombreuses autres possibilités : le hasard y contribue toujours !* »
>
> **Nietzsche, *La Volonté de puissance*, éd. Gallimard, coll. « Tel », 1995, trad. G. Bianquis, t.1, p. 285, 296.**

La pluralité du sujet

Qu'un même individu puisse abriter une « *multiplicité d'êtres* », comme l'écrit Nietzsche, l'agent Sydney Bristow en est l'illustration parfaite et c'est même sur cette variation infinie des figures que repose le principe du personnage. Mais plus profondément, cela signifie que le temps, les circonstances, les actions des autres, tout ce que l'on pourrait appeler « le devenir » constituent des situations à chaque fois différentes qui rendent impossible le maintien d'une même personnalité. Nietzsche rappelle inlassablement qu'une personne n'est qu'un masque, retrouvant ainsi le sens étymologique de *persona,* qui désigne à la fois le personnage de théâtre et le masque qui permettait à l'acteur de jouer le rôle. La « personne » que nous présentons tel ou tel jour n'est que l'accentuation due aux circonstances des multiples personnages que nous avons en réserve.

Il faut donc concevoir le sujet comme un être pluriel sans autre unité que celle, dynamique, de son devenir. Tel est finalement le point commun de tous les personnages de la série, quel que soit leur « camp » : ils ne sont tous rien d'autre qu'une succession de figures, d'*alias,* autrement dit. Mais comment vivre avec autant de personnages à interpréter ?

Le surhomme

Selon qu'on parvient à supporter une telle explosion de sa personnalité ou non, Nietzsche distingue des hommes forts et des hommes faibles. Les forts parviennent à assumer cette diversité et à la vivre en en acceptant en même temps toutes les figures. Ils passent leur temps à changer et à ne jamais rester eux-mêmes. Ils sont forts parce qu'ils sont insaisissables. Voilà comment Nietzsche décrit ceux qu'il appelle les surhommes et dont a tant de fois caricaturé la définition. Leur surhumanité consiste simplement en ce qu'ils assument tous leurs visages n'ont donc pas besoin de croire à l'illusion d'une identité personnelle. Mais leur existence est rendue difficile par le fait que les faibles, les plus nombreux, construisent une réalité sociale qui n'est pas favorable à l'expression de tous leurs personnages.

De leur côté, en effet, les faibles ne supportent pas cette absence d'identité et se consolent en en reconstruisant une à laquelle ils vont croire. Ils vont même jusqu'à associer à cette identité une personnalité morale, pour unifier encore plus l'individu, en le liant à ses actions à travers l'idée de responsabilité.

Sous ce nouvel angle, on peut revoir *Alias* comme le spectacle de cette surhumanité. Sloane, Sydney, Jack et Irina, et même finalement Vaughn ne seraient donc pas simplement surhumains parce qu'ils se sortent de situations incroyables, mais profondément, parce qu'ils vivent en assumant le tourbillon et parfois même les contradictions des différentes figures que les circonstances tirent d'eux.

Identité et diversité : l'hypothèse lockéenne

En critiquant l'idée cartésienne d'identité substantielle, Nietzsche s'est en même temps débarrassé de toute idée de personnalité. Le surhomme est un « sujet » sans personnalité, étant donné qu'il ne peut rien reconnaître comme étant « lui-même ». Accepter la conception nietzschéenne, revient donc à supprimer la question du changement de personnalité puisque la personnalité n'existe pas réellement. Or le problème que pose *Alias*, et qui concerne en premier lieu le personnage de Sydney, est bien celui du changement de personnalité ou de son dédoublement par exemple lorsqu'au début de la saison 3 elle est confrontée à un de ses « alias » d'une mission passée – « Julia Thorne » – dont elle n'a plus aucun souvenir. Alors qu'elle était parvenue jusque-là, et malgré son jeu d'agent double, à rester à peu près elle-même, la voilà perdue et doutant d'elle-même, parce que tout d'un coup elle ne se souvient plus de cet alias. Nietzsche comprendrait ce passage comme un petit moment de faiblesse de Sydney : elle n'aurait plus la force d'assumer ce qu'a fait Julia et donc elle la renierait en disant que ce n'est pas elle. Mais l'attitude de Sydney n'est pas une attitude de faiblesse. Elle fait tout au contraire pour tirer cette affaire au clair et tenter de retrouver la mémoire sur les deux années passées. Est-ce à dire que l'on devient une autre personne dès lors que l'on perd la mémoire de celle que l'on a été ? Est-ce à dire alors que l'identité personnelle repose simplement sur la continuité que l'on a de la conscience de soi ?

Fin lecteur de Descartes et véritable initiateur du problème de l'identité personnelle, le philosophe anglais John Locke (1632-1704) élabore une théorie de la personne qui permet de rendre compte de l'identité du sujet, sans tomber dans le piège de la substance, et des changements de personnalité, sans pour autant abandonner l'idée de personne, comme on le comprend à travers la lecture de cet extrait :

> « *En effet, puisque c'est la même conscience qui fait qu'un homme est lui-même pour lui-même, l'identité personnelle ne dépend de rien d'autre.* [...] *Car si un être intelligent quelconque est capable de répéter l'idée d'une action passée avec la même conscience qu'il en a eue la première fois, et la même conscience que celle qu'il a d'une action présente, dans cette mesure même il est le même soi personnel. Car c'est par la conscience qu'il a de ses pensées et actions présentes, qu'il est soi pour soi-même maintenant et qu'ainsi il restera le même soi dans l'exacte mesure où la même conscience s'étendra à des actions passées ou à venir ; et il ne serait pas plus devenu deux personnes par l'écoulement du temps ou par la substitution d'une substance à une autre, qu'un homme ne devient deux hommes quand il porte aujourd'hui d'autres vêtements qu'hier, en ayant dormi plus ou moins longuement entre-temps. La même conscience réunit ces actions éloignées au sein de la même personne, quelles que soient les substances qui ont contribué à leur production.* »
>
> **John Locke, *Essai concernant l'entendement humain*, livre II, ch. 27, § 10, trad. Balibar, dans : Balibar, *Identité et Différence*, Seuil, coll. « Points », Paris 1998, p. 153.**

■ L'identité personnelle repose sur la conscience de soi

Pour Locke, un individu reste la même personne tant qu'il conserve la même conscience de lui-même, c'est-à-dire tant qu'il « *est capable de répéter l'idée d'une action passée avec la même conscience qu'il en a eue la première fois, et la même conscience que celle qu'il a d'une action présente* ». Autrement dit, contrairement à Descartes pour qui l'identité de la personne reposait sur l'identité d'une substance immatérielle invariable, Locke pense que l'identité d'une personne dépend uniquement de la mémoire qu'une personne conserve de ses actions et de ses pensées. En effet, lorsqu'on se souvient d'une de ses actions passées, on s'en souvient précisément comme étant une action qui a été faite par une personne qui est *en même temps* celle qui est en train de s'en souvenir. C'est sur cette identité du contenu de conscience que Locke fonde l'identité personnelle et c'est ce qui permet d'affirmer qu'une personne n'est rien d'autre que la conscience qu'elle a d'elle-même et la conscience de sa propre continuité grâce à sa mémoire, comme l'explique la phrase suivante : « *c'est par la conscience qu'il a de ses pensées et actions présentes, qu'il est soi pour soi-même maintenant et qu'ainsi il restera le même soi dans l'exacte mesure où la même conscience s'étendra à des actions passées ou à venir* ». Dès lors, tant que Sydney conserve une conscience d'elle-même et la mémoire de ses actions ou de ses pensées, elle reste la même personne, bien qu'elle ne cesse d'endosser de multiples rôles et de jouer double jeu.

■ Devenir quelqu'un d'autre : quand Sydney rencontre Julia...

Ainsi, de même que l'on ne devient pas un autre homme parce que l'on change de vêtements, on ne devient pas une autre personne parce que le temps passe et que l'on a grandi ou que l'on est agent double. En revanche, il suffit de perdre la mémoire ou de ne plus pouvoir être conscient de soi pour que de tels changements entraînent un changement de personne. La théorie lockéenne de la personne conduit donc à accepter la possibilité que se succèdent, en un même individu, plusieurs personnalités. Mais ce n'est pas le changement en tant que tel qui fait exploser l'identité personnelle. On devient quelqu'un d'autre quand, à la faveur d'un changement, on perd la conscience que l'on avait de soi.

Quand, au début de la saison 3, Sydney se réveille perdue dans Hong-Kong après avoir perdu la mémoire des deux ans passés, bien qu'elle soit indéniablement le même être humain, elle n'est assurément plus la même personne. Elle ne se souvient pas avoir été un agent double infiltré pour le compte de l'organisation ennemie « The Covenant » sous la fausse identité de « Julia Thorne ». Elle voit donc cette « Julia Thorne » comme une autre personne, qui ne peut pas être la même qu'elle-même, c'est-à-dire la même personne que *celle* qu'elle a conscience d'être à son réveil et qui se souvient de *celle* qu'elle était, deux ans auparavant. Si pour tous les autres personnages, vu de l'extérieur, elle et Julia sont une seule et même personne, pour elle, vu de l'intérieur, elle reste une personne différente de cette Julia, car elle ne dispose pas d'une conscience de ces actions faites sous cet *alias*. Tant qu'elle n'a pas retrouvé la mémoire, elle et Julia sont deux personnes différentes, parce que la continuité de conscience, entre elles, a été rompue.

À bien y réfléchir, l'identité personnelle de chaque homme n'est pas aussi simple que ce que son identité civile peut laisser penser. Il ne suffit pas en effet de conserver le même nom, ou de conserver la même apparence corporelle, pour rester la même personne. D'un autre côté, il ne suffit pas de jouer un nouveau rôle ou de présenter une nouvelle figure pour briser le sentiment que l'on a de soi et de son identité. Être une personne et rester la même personne dépend de la conscience de soi et de la mémoire qu'on en a. Du coup, l'identité personnelle n'est pas une donnée immuable mais plutôt une tâche à résoudre, un exercice dans lequel on constitue soi-même son identité personnelle à l'aide de sa mémoire et dont la série *Alias*, à travers chaque mission de son héroïne, est un des récits possibles : musclé et sexy.

Références

Titre original	*Alias*
Titre français	*Alias*
Créée par	J.J. Abrams
Nombre de saisons	5 saisons – 105 épisodes
1re diffusion	2001 (USA) 2002 (France)
Vidéographie (zone 2)	1 coffret DVD par saison (1 à 5) Buena Vista Home Entertainment

Un parrain de la mafia peut-il avoir des crises d'angoisse ?

The
Soprano

✓ L'inconscient

Dr Melfi : « Your life is boxing us in[1] *» (1x12)*

Un parrain infiltré

Quand le cinéma raconte des histoires de mafia, il invente des personnages hauts en couleur, violents, et qui ne doutent de rien, si ce n'est, parfois, de la loyauté de leurs lieutenants, mais en tous cas jamais d'eux-mêmes. Quand la télévision, à son tour, s'empare du même sujet, elle crée un personnage, certes bourré de références à ses aînés légendaires du grand écran, mais en même temps radicalement différent. Tony Soprano est ce héros d'un nouveau genre : mafieux jusqu'au bout de l'accent, il est en même temps un père de famille déprimé, sujet à des crises d'angoisse qui le font s'évanouir au bord de sa piscine et douter de sa force de caractère.

Les Soprano est une série sur la mafia, sur ses activités criminelles, ses luttes intestines et, indistinctement, une série psychologique qui raconte les doutes d'un homme traversant la quarantaine en se cognant à

---

1. « *Votre vie vous empêche d'agir* » (1x12).

la question du sens de l'existence qu'il mène et au chantage affectif incessant de sa mère. Chef de deux familles aux exigences pas toujours compatibles, Tony se retrouve coincé et ne sait plus quoi faire pour continuer de les diriger. La 1re saison commence là, en plein doute, alors que son couple avec Carmella bat de l'aile, alors qu'une succession compliquée s'annonce à la tête du clan et après un énième évanouissement. Un de ses voisins, le Dr Cusumano, lui conseille d'aller consulter un psychiatre et lui recommande le Dr Melfi. Lui qui était habitué à dissimuler ses activités illégales à sa famille et ses voisins, le voilà en retour, obligé à dissimuler sa thérapie à ses hommes de main, qui ne comprendraient pas que leur chef puisse parler de ses problèmes en dehors de la « famille ». À cette double clandestinité, Tony en découvre une troisième au cœur de son existence : étranger à lui-même, il ne comprend plus ce qui lui arrive et ne sait plus comment réagir.

Toute la saveur du personnage et toute l'ironie de la série sont là, entre surface et profondeur, entre vie de famille et activités mafieuses, entre angoisse et thérapie. Tandis que Tony Soprano, le parrain du New Jersey, infiltre de façon souterraine les commerces et les marchés publics, Tony Soprano, le père de famille et le fils mal-aimé, se trouve pris au même piège que ses victimes. Le voilà dominé par une puissance invisible qui le dépossède de lui-même, contrôle ses sentiments, infiltre ses rêves et fait naître des angoisses insupportables.

Quelle est donc cette puissance de l'ombre qui règne sur la vie de Tony ? Comment expliquer une telle perte de maîtrise de soi de la part d'un homme habitué à la maîtrise des autres ? Est-ce à dire que nous ne sommes jamais maîtres de nous-mêmes ?

L'hypothèse d'une part inconsciente de l'esprit

À peu près au moment où les ancêtres italiens de Tony Soprano émigraient aux États-Unis, un docteur autrichien, Sigmund Freud (1856-1939), élaborait l'hypothèse, depuis devenue fameuse, de la réalité d'un inconscient psychique. La nouveauté et la radicalité d'une telle hypothèse tiennent en une phrase : les causes véritables des actions, des pensées ou des désirs individuels sont des causes inconscientes et échappent donc à toute conscience effective. Ce qui revient à dire qu'il faut admettre une part inconsciente dans l'esprit individuel – son psychisme – qui fonctionnerait comme la cause invisible d'effets visibles. Les raisons conscientes que chacun avance alors pour expliquer ses actions ne seraient plus que des justifications inventées après coup pour combler l'ignorance des causes véritables.

Une telle hypothèse a tout de suite provoqué un vif débat, mais Freud en affirme la nécessité et la légitimité par « *le gain de sens et de cohérence* » qu'elle procure, comme il l'écrit dans son livre *Métapsychologie*. Sans cette hypothèse, fait-il en effet remarquer, un grand nombre d'actions ou de pensées, comme les rêves, les actes manqués, les lapsus, les angoisses et les compulsions resteraient inexpliquées.

Mais cette hypothèse n'en pose pas moins un lourd problème philosophique puisqu'elle a pour conséquence le renoncement à la croyance d'une souveraineté du sujet sur ses actions et sur sa pensée, qu'il exercerait à partir de la connaissance que livrerait la conscience[1]. Comme le résume assez bien Freud, « *le moi n'est pas maître en sa propre maison*[2] ». La maîtrise de soi devient impossible, puisqu'une bonne part de lui-même lui échappe. C'est cette dépossession qui alimente l'angoisse et que l'on observe chez Tony lorsque le Dr Melfi lui demande dans le 1er épisode :

« – *What are you so afraid's going to happen ?*

– *I'dont'know*[3] »

Tony aurait pourtant bien des raisons d'avoir peur : un règlement de compte, ses enfants qui découvrent la véritable nature de ses activités ou bien le départ de sa femme. Et pourtant au médecin qui lui pose la question, il répond qu'il ne sait pas et que c'est bien là ce qui l'angoisse. Telle est la différence entre la peur et l'angoisse. L'objet de la peur est identifié, on sait

1. Cf. le chapitre précédent sur le sujet et la conscience.

2. Freud, *Essais de psychanalyse appliquée*, « Une difficulté de la psychanalyse » (1917), trad. Bonaparte et Marty, Paris, Gallimard, coll. « Tel » 1933, p. 146.

3. « *Que craignez-vous qu'il arrive ?*
Je ne sais pas. »

de quoi l'on a peur et c'est précisément parce que l'objet de la peur est connu, qu'on le redoute. Être angoissé comme l'est Tony, au contraire, est un état dont on ignore la cause et que cette ignorance renforce en retour.

Fidèle à l'hypothèse freudienne, le Dr Melfi considère l'angoisse comme un symptôme d'une détresse causée par les différentes puissances psychiques qui composent l'inconscient de Tony et dont les différentes partitions ne sont pas harmoniques. Freud décrivait en effet le psychisme du sujet comme le théâtre d'un conflit entre trois puissances inconscientes – le ça, le moi et le surmoi –, comme on le comprend à travers la lecture de l'extrait suivant :

> « *Un adage nous déconseille de servir deux maîtres à la fois. Pour le pauvre moi la chose est bien pire, il a à servir trois maîtres sévères et s'efforce de mettre de l'harmonie dans leurs exigences. Celles-ci sont toujours contradictoires et il paraît souvent impossible de les concilier ; rien d'étonnant dès lors à ce que souvent le moi échoue dans sa mission. Les trois despotes sont le monde extérieur, le surmoi et le ça. Quand on observe les efforts que tente le moi pour se montrer équitable envers les trois à la fois, ou plutôt pour leur obéir, on ne regrette plus d'avoir personnifié le moi, de lui avoir donné une existence propre. Il se sent comprimé de trois côtés, menacé de trois périls différents auxquels il réagit, en cas de détresse, par la production d'angoisse. Tirant son origine des expériences de la perception, il est destiné à représenter les exigences du monde extérieur, mais il tient cependant à rester le fidèle serviteur du ça* [...]. *D'autre part, le surmoi sévère ne le perd pas de vue et, indifférent aux difficultés opposées par le ça et le monde extérieur, lui impose les règles déterminées de son comportement. S'il vient à désobéir au surmoi, il est puni par de pénibles sentiments d'infériorité et de culpabilité. Le moi ainsi pressé par le ça, opprimé par le surmoi, repoussé par la réalité, lutte pour accomplir sa tâche économique, rétablir l'harmonie entre les diverses forces et influences qui agissent en et sur lui : nous comprenons ainsi pourquoi nous sommes souvent forcés de nous écrier : "Ah, la vie n'est pas facile !"* ».
>
> **Freud, *Nouvelles conférences de psychanalyse* (1932), trad. Berman (1936), éd. Gallimard, p. 104-105.**

▪ Le ça, le moi et le surmoi

Selon l'hypothèse freudienne, le psychisme individuel est donc clivé, c'est-à-dire séparé en deux pôles distincts : le psychisme conscient et le psychisme inconscient, le second étant la cause déterminante du premier. Le ça, le moi et le surmoi, dont Freud décrit ici les relations conflictuelles, sont les trois dimensions du pôle inconscient.

Le ça désigne le noyau profond de l'inconscient psychique et rassemble les pulsions primitives. Il est une puissance qui tend uniquement au plaisir mais de façon désordonnée et rarement compatible avec les conditions morales et sociales de la réalité.

D'un autre côté, le moi désigne la part du sujet qui assure la liaison entre le pôle inconscient et le pôle conscient, c'est-à-dire entre les pulsions profondes et les perceptions du monde réel. Il est le support de la conscience que l'on a de soi.

Le surmoi, enfin, désigne la part inconsciente de la personnalité qui est constituée par l'intériorisation des interdits parentaux, moraux et sociaux. Il est la source d'un moi idéal, d'une image idéale à laquelle le moi tente de se conformer.

Entre ces trois puissances, le conflit règne, comme l'explique bien Freud : le moi déploie une énergie de tous les instants pour servir les impératifs pulsionnels du ça – le premier maître –, tout en se heurtant aux interdits du surmoi – le deuxième maître –, et en devant tenir compte de ce qu'il est possible de faire dans la réalité – le troisième maître. Son seul souci : rétablir l'harmonie entre ces puissances et concilier leurs exigences pour que le sujet reste à peu près unifié. La vie psychique de chacun de nous, comme celle de Tony, est donc, selon l'hypothèse freudienne, un ensemble de compromis pulsionnels plus ou moins durables. Quand l'équilibre n'est pas atteint ou qu'il cesse, il est assez inévitable que des symptômes apparaissent, au premier rang desquels l'angoisse, symptôme régulier d'un homme qui, comme Tony, « *se sent comprimé de trois côtés, menacé de trois périls différents* » et qui ne parvient plus à servir ces trois maîtres à la fois.

Les trois maîtres de Tony Soprano

Si on « psychanalyse », en retour, la série elle-même, ses personnages et son scénario en s'interrogeant sur les véritables causes qui agissent au travers du récit qu'elle déploie, on s'aperçoit que *Les Soprano* repose sur une véritable fictionnalisation des puissances inconscientes de la vie psychique de son personnage principal.

Le moi pressé de tous côtés, c'est Tony, dont la vie n'est pas facile, car il sert en même temps trois maîtres. Comme tous les hommes, Tony se voit obligé de traiter avec le monde extérieur. Mais pour lui la tâche est d'autant plus difficile qu'il s'agit en fait de sauver les apparences d'une vie normale auprès de sa famille, de ses voisins et... du FBI. Le deuxième despote qui tyrannise Tony est clairement identifiable dans son rôle destructeur : c'est Livia, sa mère. Bien que Tony soit adulte et père de famille, elle continue de le traiter en enfant en lui déniant toute autorité et toute autonomie en sa propre vie. Tony reste asservi à ce maître terrible, du moins au début de la saison 1, et sa culpabilité de ne pas se sentir un assez bon fils le ronge, l'empêchant d'envisager la terrible vérité du désamour de sa mère. Le troisième maître, enfin, qu'il faut servir, ce sont les pulsions impératives de domination, de plaisir sexuel et d'accumulation d'argent que Tony cherche à satisfaire dans l'ombre des arrière-salles de restaurant ou d'épicerie ou dans le secret des hôtels.

La vie de Tony est clivée, compartimentée, comme l'est celle de tout psychisme : « *I find I have to be the sad clown, laughing on the outside, crying on the inside*[1] » (1x1), confesse-t-il au cours d'une séance. Lui, ce pantin triste, dès lors qu'il ne parvient plus à tenir les exigences de la vie de famille, de son rôle de fils et de ses désirs de domination, est pris de terribles crises d'angoisse qui rompent l'équilibre de sa subjectivité et le conduisent à l'évanouissement, dernière solution pour fuir une vie qui n'est plus supportable.

---

1. « *J'ai découvert que je devais être le clown triste ; celui qui rit à l'extérieur, mais qui pleure à l'intérieur* » (1x1).

Puisque *Les Soprano* est une série « psychanalytique » en son principe, il n'est pas étonnant que les rêves y occupent une grande place. Freud pensait que les rêves étaient la voie royale pour connaître l'inconscient. De simples récits au début de la 1re saison, ils sont directement mis en scène par la suite et constituent un moteur essentiel du récit, comme le rêve d'Isabella, dans le dernier épisode de la 1re saison, dont l'analyse permet la résolution d'une partie des tensions en révélant à Tony un autre modèle de maternité. De même les séances de thérapie entre Tony et le Dr Melfi récapitulent les moments essentiels de la thérapie psychanalytique : blocages, réactions de défenses, transfert et verbalisations. Et c'est sûrement à propos de la thérapie que l'on saisit le mieux la pertinence de la forme du feuilleton pour raconter une telle histoire, puisque la succession des épisodes permet de suivre dans le temps les progrès de la thérapie de Tony.

Ainsi la leçon paradoxale des *Soprano*, c'est que Tony, loin d'être un homme extraordinaire, a tout de l'homme ordinaire, puisque, comme chacun de nous, ses difficultés à vivre, à agir et à comprendre ses choix relèvent de conflits inconscients. Mais une telle hypothèse ne pose-t-elle pas alors un problème de responsabilité morale ?

Le problème moral de l'inconscient

Tony est certes un père de famille déprimé, affublé d'une mère destructrice, mais il est aussi un mafieux qui n'hésite pas à tuer ou à racketter. Mais si, comme tout le monde, ses actions sont les effets visibles de causes inconscientes peut-il encore en être pleinement tenu pour responsable ? Après tout, comment pourrait-on être responsable de ce que l'on ignore ? Si l'on accepte l'hypothèse psychanalytique, il semble que les actions et les choix de Tony soient influencés par des conflits inconscients, par exemple celui qu'il a avec sa mère, et qu'il n'est donc pas pleinement responsable. La série s'installe dans cette ambiguïté et conduit inévitablement à poser l'alternative suivante : ou bien Tony Soprano est un mafieux parce qu'il est malade, auquel cas il n'est pas pleinement responsable de ses actions qui sont autant de symptômes ; ou bien Tony Soprano est angoissé parce qu'il est mafieux, auquel cas ses symptômes sont autant de signes de sa culpabilité.

L'hypothèse de l'inconscient pose donc une difficulté morale majeure puisqu'elle semble pouvoir fonctionner comme un système d'excuse généralisée du comportement individuel. Pour cette raison et pour d'autres, un philosophe comme Sartre la refuse purement et simplement et préfère penser l'inconscient comme un aveuglement volontaire qu'il définit comme caractéristique de la mauvaise foi. *Les Soprano* entretient cette difficulté morale majeure sans prétendre y apporter de solution. Notons simplement que la thérapie suivie par Tony et qui n'est autre chose que la prise de conscience des motifs véritables qui le déterminent, restaure sa liberté de choix et sa responsabilité, comme on le constate dans l'épisode 9 de la saison 1, au cours duquel il décide finalement de ne pas tuer l'entraîneur de l'équipe de football de sa fille, après qu'il a appris que cet entraîneur avait couché avec l'une des lycéennes de l'équipe.

Avec *Les Soprano*, on dispose d'une nouvelle version de l'histoire de mafia, dont la spécificité est d'inscrire les conflits et les tensions traditionnels de ce genre de récit à l'intérieur même de la vie psychique du parrain. Ou si l'on préfère, dont la spécificité est de choisir le cadre de l'histoire de mafia pour proposer une description des conflits inconscients d'un père de famille déprimé, consultant en retraitement des déchets. Au-delà même de l'histoire de son héros, la série prend alors une ampleur insoupçonnée et l'on finit par se demander s'il ne faut pas penser la mafia comme le ça profond de la société américaine. Quoi qu'il en soit, bien que le premier caractère de l'inconscient soit l'étrangeté, il n'en demeure pas moins qu'il n'est pas à concevoir comme un « autre moi » ou comme l'empreinte de l'animalité en l'homme, mais comme constituant tout autant le propre de l'homme. N'est-ce pas, en effet, au plus fort de ses crises d'angoisse, que le parrain du New Jersey présente le visage le plus humain ?

Références

Titre original	*The Soprano*
Titre français	*Les Soprano*
Créée par	David Chase
Nombre de saisons	6 saisons – 86 épisodes
1re diffusion	1999 (USA), 1999 (France)
Vidéographie (zone 2)	1 coffret DVD par saison (1 à 6) ; 1 coffret intégral Home Box Office Inc. Warner Home Video France

Savoir qu'on va finir six pieds sous terre rend-il l'existence absurde ?

SIX FEET UNDER

✓ L'existence et le temps

"– why do people have to die ?
– to make life important[1]" (1x12)

La mort en série

On meurt beaucoup à la télévision et souvent de façon spectaculaire. Mais peu de fictions osent en faire la matière même de leur récit. Du coup, quand on voit un personnage mourir à la télévision, on maintient toujours avec la mort une certaine distance imaginaire au lieu d'en prendre pleinement conscience comme l'horizon nécessaire de toute vie humaine. Sur ce point, *Six Feet Under* n'est pas une série comme les autres. Elle ne présente pas la mort comme un spectacle mais d'abord comme un problème existentiel. En cinq saisons, elle raconte la manière dont chacun des membres de la famille Fisher s'accommode de la présence de la mort dans sa vie. Et quand on parle de présence, c'est au sens strict comme au sens figuré, puisque l'entreprise familiale « Fisher & Son's » est une entreprise de pompes funèbres. La maison dans laquelle ils habitent est donc aussi une maison funéraire et si l'on peut dire, c'est la mort qui les fait vivre[2].

---

1. « *Pourquoi devons nous mourir ?/Pour que la vie ait plus de valeur.* »
2. Comme le reconnaît d'ailleurs ironiquement David lorsqu'il dit « *"I bury people for a living" (1x8)/la mort est mon gagne-pain* ».

La saison 1 de *Six feet under* s'ouvre sur la mort de Nathaniel Fisher, le père et directeur de l'entreprise familiale. Ses obsèques réunissent ses trois enfants et sa femme : Nate, qui était parti s'installer à Seattle, David, qui faisait tourner l'affaire avec son père, Claire, la petite sœur, qui navigue entre le lycée et les nuages d'amphétamines et Ruth enfin, la mère, brutalement devenue veuve alors qu'elle surveillait la bonne cuisson de son rôti. Après la mort de Nathaniel, tous les épisodes de la série commencent immuablement par la mort d'une personne, dont « Fisher & Son's » assurera ensuite le service funéraire. Pour le reste, on suit la vie de la famille Fisher et la manière dont la mort de Nathaniel renvoie chacun à la difficile question du sens de son existence.

La mort absurde ?

Regarder *Six Feet Under*, c'est donc faire une expérience assez singulière, puisqu'en guise de divertissement la série propose en réalité une longue méditation sur la mort. Rien n'est épargné au spectateur : ni le scandale ou l'absurdité des circonstances dans lesquelles la mort survient, ni la douleur des proches, ni les cadavres et les procédés d'embaumement, ni cette terre qu'il faut jeter sur le cercueil pour qu'elle finisse par le recouvrir. Mais à quoi bon regarder une telle série ? La plupart des gens pensent en effet que la perspective de la mort rend la vie absurde parce qu'elle finit par tout faire disparaître. Dès lors, ne faut-il pas être d'accord avec Brenda, la petite amie de Nate, lorsqu'elle soutient : « *We live, we die, ultimately it means nothing*[1] » (1x5). La mort n'est-elle pas ce qui condamne l'existence humaine à n'avoir aucun sens ?

Ce n'est pourtant pas l'impression que l'on a quand on regarde cette série. La proximité de la mort n'empêche aucun des membres de la famille Fisher de vivre sa vie, de faire des rencontres ou des projets, bref de donner du sens à son existence. On assiste à des mariages, des naissances, des anniversaires et des disputes comme dans toutes les vies. Il n'y a rien de spectaculaire ou d'extraordinaire dans la vie de ces gens-là,

---

1. « *On vit, on meurt, mais au bout du compte ça ne veut rien dire.* »

si ce n'est cette cohabitation réussie entre les vivants et les morts, sous le toit d'une même maison. Tout se passe même comme si le fait d'avoir une conscience accrue de la réalité de la mort rendait tous leurs choix plus importants et donnait plus de sens à leur existence. Dès lors, loin de rendre la vie absurde, la mort n'est-elle pas au contraire ce qui lui donne tout son sens ?

Savoir que l'on va mourir

Exister, pour un homme, ce n'est pas simplement vivre. C'est tout à la fois un fait et une prise de conscience. Dire que quelqu'un *existe,* c'est dire qu'il est un être réel, qu'il occupe un certain lieu, qu'il est situé dans le temps, et non pas qu'il est imaginé ou raconté par un romancier, par exemple. Mais ce n'est pas tout. L'homme non seulement existe, mais il a en plus conscience de son existence : il sait qu'il existe. Cette conscience le rend capable de s'étonner de son existence ou d'en demander une justification. Or comme les deux faces d'une même pièce cette conscience d'exister est inévitablement liée à une certaine connaissance de la mort. L'existence humaine se distingue donc de la vie animale en ce qu'elle est doublement instruite : de sa vie d'une part et de sa mort d'autre part.

Mais tout bien considéré, savoir que l'on va mourir un jour ne devrait pas nous affecter. Comme Nate, par exemple, que la menace permanente d'une hémorragie cérébrale n'empêche pas de se marier deux fois. Si pourtant, comme sa femme Brenda, la plupart des gens ont peur de la mort, c'est qu'ils se trompent sur son statut. Tel est le piège de la mort : on en a tellement peur que l'on ne parvient pas à raisonner clairement sur ce qu'elle est et l'on pense qu'elle condamne l'existence humaine au malheur. La peur de la mort naîtrait-elle d'un malentendu ?

« La mort n'est rien pour nous »

Si l'on met de côté pour quelques instants la peur qu'elle inspire, comme le fait Épicure (341-270 av. J-C) dans la *Lettre à Ménécée*, et que l'on ose y réfléchir à deux fois, on comprendra que la mort n'est qu'un faux problème. L'argument est imparable : « *Le plus terrifiant des maux, la mort, n'est rien par rapport à nous, puisque quand nous sommes, la mort n'est pas là, et, quand la mort est là, nous ne sommes plus. Elle n'est donc en rapport ni avec les vivants, ni avec les morts.* » La vie est définie comme la capacité à sentir et la mort comme la fin de toute sensation. Vie et mort sont donc deux contraires et si la mort n'est rien pour nous, c'est d'abord parce qu'il y a entre les deux termes une incompatibilité logique. Mais derrière elle, Épicure dénonce aussi une incompatibilité existentielle : on ne peut jamais faire l'expérience de *sa* propre mort en première personne. Ces deux réalités ne peuvent être contemporaines l'une de l'autre. Quand on vit, la mort n'est pas là et quand elle est là, c'est nous qui ne sommes plus là. La mort est donc rejetée dans une inactualité qui la rend étrangère à toute vie. Comment pourrait-elle alors empêcher l'existence d'avoir du sens ? Avec un tel argument, en rappelant qu'il ne faut pas craindre la mort, et même ne plus y penser et ne rien en attendre, Épicure voulait surtout enseigner aux hommes à se rendre disponibles pour un bonheur qui ne peut être que vécu au présent. Du moment qu'on ne la craint plus et qu'on en connaît le véritable statut, la mort n'est plus rien pour nous. Mais plus encore, cette étrangeté de la mort par rapport à la vie n'est-elle pas ce qui rend l'homme absolument libre ?

La liberté préservée de la mort

À deux mille ans de distance, Sartre (1905-1980) reprend la logique de l'argument épicurien et en tire une conséquence fondamentale concernant la liberté des hommes : « *La liberté qui est* ma liberté *demeure totale et infinie, non que la mort ne la limite pas, mais parce que la liberté ne rencontre jamais cette limite*[1] [...]. » Certes objectivement, la mort constitue

1. Sartre J.-P., *L'être et le néant*, éd. Gallimard, coll. « Tel », 1943, p. 592.

une limite à la liberté puisque quand on est mort on ne peut plus agir. Mais subjectivement, du point de vue de l'existence, cette limite n'est jamais rencontrée étant donné que le rendez-vous avec *ma* mort sera toujours un rendez-vous manqué. La liberté humaine est donc une liberté totale et absolue parce qu'elle ne rencontre jamais sa propre mort. Elle ne peut même pas l'attendre, puisque bien qu'elle soit nécessaire, c'est-à-dire qu'il ne peut en être autrement, les circonstances de sa venue sont toujours contingentes, c'est-à-dire susceptibles de changer[1]. C'est la leçon que l'on peut tirer de chacune de ces morts qui ouvre les épisodes de *Six Feet Under*: que l'on meure en passant la tête par le toit ouvrant de la limousine louée pour fêter son divorce (Chloé Ann Bryant Yorkin; 1x8), ou bien que l'on se fasse tuer par un gang rival parce qu'on est latinos et en panne dans le mauvais quartier de la ville (Manuel Pedro Antonio Bolin; 1x4), ou enfin, que l'on se fasse écraser par sa propre voiture en essayant de ramasser le journal (Samuel Hoviak; 5x2), « *nous mourrons toujours,* dit Sartre, *par-dessus le marché*[2] »... Ainsi penser que la mort empêche l'homme de donner du sens à son existence et qu'elle l'empêche d'être heureux relève de la mauvaise foi puisque l'expérience de *sa* mort est impossible et qu'ainsi la liberté et la mort ne se rencontrent jamais. Pour ces deux raisons il faut donc se libérer de toute crainte de la mort. Mais pour autant faut-il se débarrasser de toute pensée de la mort? Est-ce seulement possible?

La mort, condition du sens et de la valeur de l'existence

S'il paraît possible et souhaitable de ne plus redouter *sa* mort, il paraît pourtant plus difficile et moins souhaitable de renoncer à toute pensée de *la* mort. Difficile, parce que comme le montre le moindre épisode de la série, la mort, à travers la mort des autres, fait partie de la vie et nous renvoie donc toujours à notre propre horizon de mortel. N'est-ce pas d'ailleurs le sens des apparitions des personnes décédées à chaque membre de la

1. Même dans le cas du suicide, comme dans les épisodes 3x3 ou 5x11, la liberté n'est pas limitée par la mort, puisque c'est encore elle qui se manifeste en faisant de la mort à venir un projet.
2. Sartre J.-P., *L'être et le néant, op.cit. Ibid.*

famille Fisher ? Moins souhaitable enfin, parce que si la crainte de la mort rendait l'existence douloureuse, il n'est pas certain qu'essayer de l'oublier complètement donne tout son sens à l'existence. Oublier la mort conduirait en effet à oublier le temps. Et le temps une fois oublié, comment donner de la valeur à ce que l'on vit et à ce que l'on entreprend ? Comment faire des projets et travailler à leur réalisation si l'on n'est pas, d'une certaine manière, pressé par le temps *qui reste* ? Or si c'est la pensée de la mort qui fait prendre conscience de ce temps *qui reste*, c'est donc bien elle qui pousse chaque homme sérieux à s'engager dans son existence, comme l'explique Kierkegaard (1813-1855) dans le texte suivant :

> « *Le sérieux comprend que si la mort est une nuit, la vie est le jour ; que si l'on ne peut travailler la nuit, on peut agir le jour ; et comme le mot bref de la mort, l'appel concis, mais stimulant du sérieux c'est : aujourd'hui même. Car la mort envisagée dans le sérieux est une source d'énergie comme nulle autre ; elle rend vigilant comme rien d'autre.* [...] *à la vie de l'homme animé de sérieux, la pensée de la mort donne l'exacte stimulation elle lui indique le but où diriger sa course. Et nul arc ne saurait être tendu ni communiquer à la flèche sa vitesse comme la pensée de la mort stimule le vivant dont le sérieux tend l'énergie. Alors le sérieux s'empare de l'actuel aujourd'hui même ; il ne dédaigne aucune tâche comme insignifiante, il n'écarte aucun moment comme trop court, il travaille de toutes ses forces, à plein rendement* [...]. *Car en définitive le temps est aussi un bien* [...]. *La mort amène disette de temps pour le mourant ;* [...] *qui n'a entendu parler de la valeur infinie prise par un jour et parfois une heure quand la mort a rendu le temps précieux ! La mort peut cela, mais l'homme instruit du sérieux peut aussi, grâce à la pensée de la mort, rendre le temps précieux, de sorte que le jour et l'année prennent une valeur infinie.* »
>
> **Sören Kierkegaard, *Trois discours sur des circonstances supposées*, OC VIII, éd. de l'Orante, 1979, p. 72.**

La mort rend précieux le temps de l'existence

L'homme sérieux, pour Kierkegaard, désigne cet homme qui a compris le lien intime entre la conscience de la mort et la valeur du temps. Puisqu'elle en est le terme, la mort temporalise l'existence et conduit à la distinction d'un temps objectif, celui qui s'écoule et que l'on remarque aux changements intérieurs ou extérieurs comme l'alternance par exemple de la nuit et du jour, et d'un temps subjectif, celui que chacun vit comme étant celui qui lui reste. Le temps qui passe est souvent vécu négativement parce qu'il fait passer toute chose avec lui. On lui reproche d'emporter avec lui les situations, les émotions et les faits, dont on ne pourra, éventuellement, que conserver de maigres souvenirs. La pensée de la mort, pour Kierkegaard, réussit alors ce tour de force de faire prendre conscience que « *en définitive, le temps est aussi un bien.* » Le temps qui devient précieux et qui donne toute sa valeur à l'existence, c'est celui qui reste. Comment comprendre cela ? Quel est l'effet de la pensée de la mort sur le sens de l'existence ?

Quand la pensée de la mort « stimule » : du choix à l'action

Puisqu'on ne dispose pas d'un temps inépuisable pour tout faire, tout essayer ou même hésiter indéfiniment, puisque l'on a qu'un temps qui *reste*, il va falloir choisir. Telle est « *l'exacte stimulation* » que la mort donne à l'homme sérieux : elle implique de choisir et par conséquent d'être à l'initiative dans sa propre vie. Ce côté stimulant de la mort, on le retrouve mis en scène, dans la série, à travers les discussions que les membres de la famille Fisher ont avec les morts dont ils s'occupent. L'homme ainsi rendu vigilant et à qui on a indiqué un but, « *ne dédaigne aucune tâche* », « *n'écarte aucun moment* » et « *travaille de toutes ses forces* » bref, il s'engage dans une existence qu'il choisit et dont il construit peu à peu le sens. Dans *Six Feet Under*, on comprend cela dès l'épisode pilote : la mort du père renvoie chacun à sa propre existence, au temps qui lui reste et à la nécessité de faire des choix. Nate doit choisir entre reprendre l'entreprise ou repartir à Seattle, David envisage la reprise de ses études de droit, tandis que Ruth et Claire font des choix affectifs. Dans la suite de la série, on pourra ainsi relier presque tous les choix faits par tel ou tel personnage à la mort qui a eu lieu en début d'épisode. David par exemple choisit d'assumer son homosexualité à la suite de la mort d'un jeune homme victime d'un passage à tabac homophobe.

Telle est la clef du paradoxe : la pensée de la mort n'est pas le néant, ni même le comble de l'absurdité, mais « *une source d'énergie comme nulle autre* » puisqu'elle a suffisamment de force pour « faire exister » les hommes. Elle transforme leur simple vie en existence, parce qu'elle rend possible un choix libre.

On comprend finalement qu'avoir choisi le cadre d'une entreprise familiale de pompes funèbres pour mettre en scène la place de la mort dans la vie n'est donc pas un choix purement circonstanciel, ni étrangement morbide, ni même simplement décalé, puisque, dans ce cadre-là, chaque membre de la famille *vit* et *existe* effectivement grâce à la mort dont il est si proche.

Références

Titre original	*Six feet under*
Titre français	*Six pieds sous terre*
Créée par	Alan Ball
Nombre de saisons	5 saisons – 63 épisodes
1re diffusion	2001 (USA), 2001 / 2004 (France)
Vidéographie (zone 2)	1 coffret DVD par saison (1 à 5) Warner Home Vidéo

Season finale[1]

Une série télévisée peut-elle être une œuvre d'art?

- ✓ L'art
- ✓ La culture

À l'issue de ces quelques navigations philosophiques à l'intérieur de ces grands récits d'aujourd'hui que sont les séries télévisées et qui appartiennent désormais à l'imaginaire collectif, il est temps de prendre un peu de distance, de s'écarter des écrans et de réfléchir au véritable statut de ces récits. Les séries sont-elles des œuvres d'art ou des produits de divertissement des masses? Leurs créateurs sont-ils des artistes ou des *businessmen*? Quelle place, finalement, ont-elles dans la culture contemporaine? Poser ces questions à propos des séries revient à lancer quelques dernières pistes de réflexion sur les œuvres d'art en particulier, et sur la culture en général.

Un 7e art *bis*?

Certains critiques de cinéma n'hésitent pas à juger l'apparition de ces nouvelles séries comme un moment esthétique singulier qui renouvelle en profondeur « *notre rapport au contemporain*[2] ». Petites cousines des œuvres de cinéma, elles seraient même en train de dépasser le grand

1. Season finale: terme par lequel on désigne le dernier épisode d'une saison.
2. *Cahiers du cinéma*, « Séries, l'âge d'or », juillet-août 2003, n° 581, p.14.

cousin, en ne cessant d'explorer de nouvelles techniques narratives et de nouvelles formes visuelles tout en nouant des liens d'une indéniable force avec le public. S'il est facilement établi aujourd'hui que le cinéma est un art et que les réalisateurs sont des artistes, pourquoi ne pas reconnaître que les séries sont aussi des œuvres d'art ? La question paraît d'autant moins poser problème que, de plus en plus, les mêmes auteurs et les mêmes producteurs naviguent d'un genre à l'autre.

Une autre voix, comme celle de G. Jacquinot-Delaunay, rédactrice en chef de la revue scientifique *MédiaMorphoses,* n'hésite pas à faire remarquer dans un de ses éditoriaux que les séries « *constituent à l'heure actuelle* "des ressources pour penser le monde[1]" », non seulement parce qu'elles sont un phénomène mondial, mais surtout parce qu'elles proposent une mise en récit du monde qui sous une forme nouvelle ne fait que réactiver les grands récits traditionnels de l'humanité. Or représenter et raconter le monde, n'est-ce pas précisément une des missions habituellement reconnue de l'art ?

Un facteur d'abrutissement ?

Mais dans le même temps, un grand nombre d'intellectuels continuent de ne pas considérer les séries en particulier et la télévision en général comme dignes d'intérêt. Pour eux, ces œuvres télévisuelles ne sont que des occasions « *de consommation rituelle d'un contenu somme toute assez sommaire*[2]. » Produit marchand fabriqué et diffusé par des chaînes pour fidéliser une audience et s'assurer des recettes publicitaires, la série serait donc un pur produit de divertissement et à ce titre, prendre le temps de la suivre dans la durée n'aurait pas d'autre valeur que celle du délassement, voire de l'abrutissement, après de longues journées de travail.

---

1. *MédiaMorphoses*, « Les raisons d'aimer... les séries télé », hors-série – janvier 2007, Inathèque de France & Armand Colin, numéro dirigé par Éric Maigret et Guillaume Soulez

2. Dossiers de l'audiovisuel, 1987, cité dans *MédiaMorphoses,* « Les raisons d'aimer... les séries télé » ; hors-série – janvier 2007, Inathèque de France & Armand Colin, numéro dirigé par Éric Maigret et Guillaume Soulez, Éditorial.

Alors que penser? Ou bien les séries télévisées ne sont que les produits à succès d'une grande entreprise de divertissement des masses, ou bien au contraire la production de ces séries, ces dernières années, marque la naissance d'un art nouveau du récit et donne à voir des œuvres riches et complexes, tout comme l'est le cinéma et tout comme l'étaient, en leurs temps, les histoires d'un Balzac ou d'un Zola, publiées en feuilletons, dans de grands journaux populaires. Quel est donc le véritable statut des séries télévisées? Quelle place occupent-elles dans la culture contemporaine? Sont-elles plutôt du côté de l'économie ou plutôt du côté de l'art?

Prendre ces questions au sérieux revient en fait à poser un problème et à dissiper une confusion.

1. Dans un premier temps, demander si les séries peuvent être des œuvres d'art pose le problème, relativement classique pour le philosophe, de la définition de l'œuvre d'art. Dire qu'une série est une œuvre d'art ou qu'elle ne l'est pas suppose en effet que l'on possède une définition de l'art à partir de laquelle on puisse tirer des critères de reconnaissance opératoires de l'œuvre d'art.

2. Mais dans un second temps, cette question semble aussi poser le problème de la valeur des séries par rapport à d'autres œuvres d'art et à d'autres objets culturels. Au cours du XXe siècle, il est en effet devenu courant de considérer que dire qu'un objet était une œuvre d'art signifiait en même temps qu'il avait une certaine valeur en tant qu'œuvre d'art. On a peu à peu confondu la définition et l'évaluation. Ce glissement est notamment le résultat de la perplexité du public et des critiques d'art devant un certain nombre d'œuvres contemporaines. Ne pouvant plus réinvestir les catégories esthétiques traditionnelles (celle de la beauté par exemple), face à des artistes comme Duchamp ou Warhol qui avaient fait de la définition de l'art la matière même de leurs œuvres, la seule appréciation possible est restée, semble-t-il, celle du caractère artistique ou non de l'objet présenté. En réalité, la réflexion sur la définition de l'œuvre d'art et celle sur son évaluation constituent deux réflexions distinctes et il ne sera question ici que de la première.

L'œuvre d'art : une exception dans le monde des objets humains

Dans un premier temps donc, la question de savoir si la série est une œuvre d'art ou non pose le problème de la définition de l'art. En effet, une fois que l'on saura de quoi on parle quand on parle d'art, il sera aisé de déterminer si les séries peuvent en être ou pas. Mais une telle définition de l'art est-elle seulement possible et légitime ?

Dire ce que sont les œuvres d'art implique que l'on puisse dire *ce qui fait* que certains objets, parmi tous ceux que l'homme fabrique, sont des œuvres d'art. Il faut donc qu'il soit possible d'identifier une propriété qui, si elle est possédée par un objet, fait de lui une œuvre d'art, et, si elle n'est pas possédée par lui, l'empêche d'en être une. La difficulté, c'est que cette propriété doit être commune à toutes les œuvres d'art, et qu'il règne une grande diversité des pratiques et des productions parmi les objets qui sont couramment considérés comme des œuvres d'art. Que peut-il y avoir de commun entre une symphonie de Schubert, une cathédrale gothique, une peinture de Picasso et un poème de Rimbaud ? Et au sein d'une même pratique artistique, que peut-il y avoir de commun entre le long travail sur les couleurs d'un peintre comme Vermeer et *l'action painting* d'un autre comme Pollock ? Comment rendre compte d'une telle diversité ?

La philosophe Hannah Arendt (1906-1975) prend le temps, dans son livre *La crise de la culture*, de répondre à ces questions en proposant une définition des œuvres d'art qui permette de ne pas les confondre avec les autres objets que l'homme fabrique. Analysant les évolutions des sociétés de masse, dans les années soixante, elle considère que le principal danger qui menace la culture humaniste classique réside dans la confusion galopante entre les œuvres d'art et les biens de consommation, c'est-à-dire entre les objets culturels et des produits de loisirs. Définir l'œuvre d'art revêt donc pour elle un caractère d'urgence et c'est sur la base de cette nouvelle définition qu'elle propose une forte hiérarchisation des cultures et de leurs pratiques.

« *Parmi les choses qu'on ne rencontre pas dans la nature, mais seulement dans le monde fabriqué par l'homme, on distingue entre objets d'usage et œuvres d'art ; tous deux possèdent une certaine permanence qui va de la durée ordinaire à une potentielle immortalité dans le cas de l'œuvre d'art.* [...] *Du point de vue de la durée pure, les œuvres d'art sont clairement supérieures à toutes les autres choses ; comme elles durent plus longtemps au monde que n'importe quoi d'autre, elles sont les plus mondaines des choses. Davantage, elles sont les seules choses à n'avoir aucune fonction dans le processus vital de la société ; à proprement parler elles ne sont pas fabriquées pour les hommes, mais pour le monde, qui est destiné à survivre à la vie limitée des mortels, au va-et-vient des générations. Non seulement elles ne sont pas consommées comme des biens de consommation, ni usées comme des objets d'usage : mais elles sont délibérément écartées des processus de consommation et d'utilisation, et isolées loin de la sphère des nécessités de la vie humaine. Cette mise à distance peut se réaliser par une infinité de voies. Et c'est seulement quand elle est accomplie que la culture, au sens spécifique, vient à l'être.* [...]

C'est seulement là où une telle subsistance est assurée que nous parlons de culture ; c'est seulement là où nous sommes confrontés à des choses qui existent indépendamment de toute référence utilitaire et fonctionnelle, et dont la qualité demeure toujours semblable à elle-même, que nous parlons d'œuvre d'art. »

Hannah Arendt, « La crise de la culture », dans *La crise de la culture*, éd. Gallimard, coll. « Folio », 1972, p. 267-268.

■ Définition : l'œuvre d'art est la plus mondaine des choses

Qu'est ce qu'une œuvre d'art ? Un objet qui n'a « *aucune fonction dans le processus vital de la société* », c'est-à-dire qui est totalement et délibérément inutile quant à la satisfaction des besoins et au commerce économique. Tous les autres objets fabriqués par l'homme le sont pour un usage précis et sont ainsi voués à la consommation et à la disparition. Mais puisque les œuvres d'art sont essentiellement des objets qui ne servent à rien, ils ne sont donc pas consommables. Et puisqu'elles ne sont pas consommables, elles : « *durent plus longtemps au monde que n'importe quoi d'autre.* » Leur grande durée est un effet de leur inutilité : elles passent le temps et sont, de droit, immortelles, même si, de fait, les hasards de leur existence matérielle peut les faire disparaître. Sur quoi repose, en dernier ressort, leur différence et leur inutilité pratique ? La réponse est donnée quelques pages plus loin : si les œuvres d'art ne sont pas inscrites dans le même temps que les autres objets, c'est parce qu'elles sont belles. « *La grandeur passagère de la parole et de l'acte peut durer en ce monde dans la mesure où la beauté lui est accordée*[1] ». Une œuvre d'art est un objet créé par l'homme, mais un objet qui manifeste la beauté dans le monde humain. Arendt reprend ici la conception kantienne de la beauté selon laquelle la beauté est l'objet d'une satisfaction désintéressée et qui ne peut donc pas être utilisée ou consommée. Qu'est-ce qu'une œuvre d'art ? Un objet qui est inutile parce qu'il est beau. Tel est le point commun possédé par la symphonie, le poème, le tableau et la cathédrale : ce sont des objets dont la forme est belle et qui donc demeurent à travers le temps. Les œuvres d'art peuvent alors être effectivement tenues pour « *les plus mondaines des choses* », c'est-à-dire pour des objets qui appartiennent spécifiquement à la culture humaine, puisqu'il y demeurent pour longtemps. De cette définition, on peut déduire un critère de reconnaissance très simple : si un objet a une quelconque utilité pratique, si d'une manière ou d'une autre il a été conçu dans une perspective de consommation, et qu'ainsi, il ne peut pas durer, alors il ne peut être un objet culturel et en aucun cas, il ne peut être une œuvre d'art.

■ La triple contradiction de la série et de l'œuvre d'art

Armé d'une telle définition de l'œuvre d'art, il paraît tout à fait impossible qu'une œuvre comme une série télévisée puisse être une œuvre d'art. Quand bien même certains spectateurs seraient émus par la beauté des récits qu'elles mettent en scène ou par la beauté de l'interprétation des acteurs, cela ne suffirait pas à sauver les séries de leur complicité coupable avec ce qu'Arendt appelle « *le processus vital de la société* ». En effet, les séries ne sont pas des œuvres d'art, parce qu'elles servent ce processus

1. Arendt H., *La crise de la culture*, éd. Gallimard, coll. « Folio », p. 279.

de trois manières : comme des moyens de divertissement, comme des produits économiques et même, selon certains, comme des outils de manipulation politique.

Un moyen de divertissement. « *La société de masse,* écrit Arendt, *au contraire, ne veut pas la culture, mais les loisirs (entertainment) et les articles offerts par l'industrie des loisirs sont bel et bien consommés par la société comme tous les autres objets de consommation*[1]. » Certes, il est difficile de nier que les séries sont effectivement les produits d'une industrie des loisirs, puisque tous les noms des compagnies qui les distribuent contiennent le mot « *entertainment* ». De plus, dans les quelques enquêtes faites sur le public des séries et sur sa motivation, le désir de se détendre et de passer un bon moment en compagnie de personnages auxquels on a pu s'habituer est clairement mis en avant[2]. Enfin, il suffit de fréquenter les sites internet qui leur sont consacrés par des amateurs pour constater que les séries et tout leur univers sont, pour ceux qui les regardent, un immense moyen de se distraire de la monotonie et de la pénibilité du quotidien, à travers un programme dont le principe est d'en enchanter la nécessaire répétition, du fait du retour régulier de sa diffusion.

Un produit économique. Une série, tout comme un film de cinéma, ne sont pas des œuvres d'art, selon la définition qu'en donne Arendt, parce que ce sont des œuvres qui ont une fonction économique indéniable. De fait, une série fonctionne d'abord comme un programme conçu et produit pour être diffusé sur une chaîne de télévision. Ce produit doit être attractif de manière à ce qu'il rencontre une grande audience et que la chaîne puisse vendre cette audience à des annonceurs publicitaires. En un sens, la série est même une version améliorée du contenu télévisuel, dans la mesure où elle intègre, dans sa structure même, le principe d'une fidélisation. Si une chaîne américaine comme HBO est parvenue à s'imposer comme un des grands réseaux américains, alors qu'elle est une chaîne payante, réservée donc à des abonnés, c'est parce qu'elle a fait

1. Arendt H., *La crise de la culture,* op.cit., *ibid.*, p.263.
2. *MédiaMorphoses, op. cit,* « Cent fois mieux qu'un film », Hervé Glevarec et Michel Pinet, p. 124-135.

des séries le cœur de sa programmation. En proposant des programmes divertissants, dont le principe même consiste en un développement d'une année sur l'autre, à travers une succession de saisons, elle trouve un formidable moyen pour inciter les gens à se réabonner l'année suivante. La série, comme tous les programmes audiovisuels, diffusés par des médias de masses, serait donc un produit d'appel, permettant de rendre les cerveaux des spectateurs disponibles aux messages des annonceurs privés[1]. Il paraît difficile de concevoir un produit qui soit moins au cœur du processus vital de la société.

Un outil de manipulation politique. Enfin, les séries ne pourraient être des œuvres d'art, parce qu'elles continueraient de servir « *le processus vital de la société* » en tant que moyens, pour ceux qui en sont à la tête, de l'orienter et de le gouverner. Telle est du moins l'analyse qu'en fait Christian Salmon dans un livre publié récemment, sous le titre *Storytelling*, et dont on peut considérer qu'il s'inscrit pour une part dans l'héritage de la pensée d'Arendt. Les séries américaines sont accusées de participer à l'« *incroyable hold-up sur l'imaginaire*[2] » que des spécialistes de la communication et de la production audiovisuelle orchestrent à travers la diffusion généralisée de toutes sortes de récits. Saturant l'espace symbolique, les séries, comme les publicités et certains discours managériaux, constitueraient des instruments narratifs « *suivant lesquels les individus sont conduits à s'identifier à des modèles et à se conformer à des protocoles*[3] ». Toutes ces histoires et tous ces personnages auraient donc pour fonction de formater, doucement mais sûrement, l'esprit de l'homme démocratique, et non simplement d'en éduquer le goût, comme on l'attend habituellement des œuvres d'art.

Mais dans les trois cas, qu'elle soit un moyen de se divertir, un produit économique ou un outil de manipulation politique, la série ne satisfait pas au critère permettant de reconnaître l'œuvre d'art : sa permanence.

1. Comme le rappelait, non sans cynisme, Patrick le Lay, ancien Pdg de TF1, dans un entretien publié dans *Les dirigeants face au changement*, Huitième Jour, 2004.
2. Salmon C., *Storytelling*, éd. La Découverte, 2007-2008, p. 20.
3. *Op.cit.* p. 16-17.

Privés de cette permanence, des objets comme les séries ne peuvent même pas entrer dans la catégorie des objets culturels. Comme ils ne durent pas, ils ne peuvent pas transmettre. Or une culture, pour Arendt, est essentiellement une affaire de transmission : elle est constituée par des objets capables de transmettre l'héritage du passé aux générations à venir. Les séries ne durent pas plus longtemps, semble-t-il, que le temps de leurs diffusions et une fois regardées et consommées, il faut en inventer d'autres, de la même façon que le boulanger recuit, chaque matin pour le plus grand plaisir de ses clients, son pain et ses croissants.

La nouvelle complexité des séries

De ces produits que sont les séries, à bien lire Arendt et ses héritiers plus ou moins directs, il faudrait donc convenir que l'on ne peut en attendre aucune formation culturelle. Elles seraient des produits de statut inférieur aux véritables objets culturels que sont les œuvres d'art, proposant finalement des émotions moins puissantes, moins élevées et moins complexes que celles que procurent les œuvres d'art. De fait, fonctionnant tout entières au service des intérêts du présent, elles se trouveraient incapables, en leur principe même de transmettre la grande mémoire du passé humain. Là où l'art conserve, le loisir donne à consommer. On comprend bien alors pourquoi dire d'un objet qu'il n'est pas une œuvre d'art correspond dans le même temps à une dépréciation de sa valeur.

Si donc le statut commande la valeur et que l'on soutient, comme les chapitres qui précèdent en témoignent, que certaines séries télévisées de ces dix dernières années « disent » des choses, qu'elles donnent matière à réflexion aussi bien dans l'action qu'elles présentent que dans la forme sous laquelle elles la présentent, et qu'elles ont une valeur culturelle indéniable, il faut commencer par essayer de « sauver » leur statut, en essayant de voir s'il n'est pas possible d'en rendre compte comme des œuvres d'art ? Bien que les séries soient des objets d'usage qui servent à différents niveaux le processus vital de la société, ne peuvent-elles pas pour autant *fonctionner*, dans un certain contexte, comme des œuvres d'art ?

Dire avec Arendt, et avec toute une partie de la philosophie classique, qu'un objet ne peut pas être une œuvre d'art parce qu'il participe à l'économie d'une société se heurte à deux objections. La première est une objection de fait : un grand nombre d'œuvres d'art « classiques » dont elle reconnaît elle-même le statut ont pourtant servi des intérêts pratiques. Une bonne partie de la peinture italienne de la Renaissance, par exemple, n'a-t-elle pas été créée sur commande pour fournir les églises et édifier les foules ? De même l'architecte ne crée-t-il pas des objets qui sont autant des œuvres d'art que des bâtiments utiles et fonctionnels ?

La deuxième objection est une objection de droit : on ne peut pas conclure qu'un objet n'est pas une œuvre d'art parce qu'il participe ou qu'il a participé à l'économie d'une société. On peut simplement conclure que quand il fonctionnait comme produit économique avec une certaine utilité ou comme produit d'échange, il ne fonctionnait pas comme œuvre d'art. Mais cela n'implique pas qu'il ne puisse, en aucun cas, fonctionner dans un autre contexte, comme une œuvre d'art. On pourrait d'ailleurs voir, dans la critique qu'Arendt fait du « philistin cultivé », c'est-à-dire celui qui transforme les œuvres d'art en monnaie d'échange pour s'acheter une position sociale supérieure, un premier pas dans la reconnaissance de la possibilité d'un fonctionnement différencié des objets culturels. Une œuvre d'art pourrait cesser de fonctionner comme une œuvre d'art pour fonctionner comme un objet d'usage[1]. Pourquoi dès lors, le processus inverse ne serait-il pas possible[2] ? Une série ne peut-elle pas fonctionner aussi comme une œuvre d'art ?

---

1. Arendt semble le reconnaître implicitement : « *Dans ce procès les valeurs culturelles subirent le traitement de toutes les autres valeurs, furent ce que les valeurs ont toujours été : valeurs d'échange. Et en passant de main en main, elles s'usèrent comme de vieilles pièces. Elles perdirent le pouvoir originellement spécifique de toute chose culturelle, le pouvoir d'arrêter notre attention et de nous émouvoir* ». *La crise de la culture*, *op. cit.* p. 261.

2. Après tout, n'est-ce pas exactement ce que Marcel Duchamp a tenté de faire en exposant des ready-mades, c'est-à-dire des objets d'usages dont il détourne et annule la fonction pratique en les mettant en scène exactement comme des œuvres d'art ?

« Quand y a-t-il art ? » Une nouvelle manière de rendre compte des œuvres d'art

Paradoxalement, un certain nombre de philosophes contemporains considèrent que si l'on veut pouvoir dire quelque chose de sensé à propos des œuvres d'art, il faut renoncer à vouloir les définir. Ces philosophes tentent seulement de proposer des argumentations claires et directes sur des questions déterminées, dans le seul but de rendre compte, c'est-à-dire d'expliquer, le plus précisément, la possibilité de nos expériences esthétiques. Le philosophe américain Nelson Goodman (1906-1998) s'inscrit dans cette nouvelle démarche et propose d'abandonner la question « qu'est-ce que l'art ? » qui ne peut conduire, selon lui, qu'à des situations inextricables au vu de la diversité et de la complexité des expériences contemporaines qui revendiquent leur statut d'expérience artistique, pour passer à cette nouvelle question : « Quand y a-t-il art ? » Cela revient à passer de la question de l'essence de l'art et de sa définition à la question de son fonctionnement et de ses effets, comme on peut le lire dans l'extrait suivant :

> « *La littérature esthétique est encombrée de tentatives désespérées pour répondre à la question "qu'est ce que l'art ?" Cette question, souvent confondue sans espoir avec la question de l'évaluation en art "Qu'est ce que l'art de qualité ?", s'aiguise dans le cas de l'art trouvé – la pierre ramassée sur la route et exposée au musée ; elle s'aggrave encore avec la promotion de l'art dit environnemental ou conceptuel. Le pare-chocs d'une automobile accidentée dans une galerie d'art est-il une œuvre d'art ?* [...]
>
> *Ma réponse : exactement de la même façon qu'un objet peut être un symbole – par exemple, un échantillon –, à certains moments et dans certaines circonstances, de même un objet peut être une œuvre d'art en certains moments et non en d'autres. À vrai dire, un objet devient précisément une œuvre d'art parce que et pendant qu'il fonctionne d'une certaine façon comme symbole. Tant qu'elle est sur la route, la pierre n'est d'habitude pas une œuvre d'art, mais elle peut en devenir une quand elle est donnée à voir au musée d'art. Sur la route elle n'accomplit en général aucune fonction symbolique. Au musée elle exemplifie certaines de ses propriétés – par exemple, les propriétés de forme, couleur, texture.* [...] *D'un autre côté un*

tableau de Rembrandt cesserait de fonctionner comme œuvre d'art si l'on s'en servait pour boucher une vitre cassée ou pour s'abriter.

[...] Dire ce que fait l'art n'est pas dire ce qu'est l'art. Mais je suggère de dire que ce que fait l'art nous intéresse tout particulièrement et au premier chef. »

Nelson Goodman, « Quand y a-t-il art? » (1977), in *Manières de faire des Mondes*, éd. Jacqueline Chambon, coll. « Rayon Art », traduction de M.-D. Popelar, 1992.

Le fonctionnement symbolique des œuvres d'art

Face aux nouvelles expériences que les œuvres contemporaines suscitent, Goodman propose donc d'abandonner la question classique de la définition de l'œuvre d'art, au profit d'une théorie fonctionnaliste de l'œuvre d'art. N'importe quel objet, à un moment donné de son existence, et quelles que soient ses autres manières de fonctionner à d'autres moments, peut fonctionner comme une œuvre d'art. Fonctionner comme une œuvre d'art, cela signifie qu'il fonctionne comme un symbole dont les propriétés présentent, à ce moment, un caractère exemplaire et exigent donc une interprétation. Plus précisément, cela signifie qu'il fonctionne comme un symbole non transparent, ce qui fait que quand on y est confronté, on doit constamment « prêter » au symbole, comme dit Goodman, c'est-à-dire revenir sans cesse à la manière dont le symbole lui-même est exprimé. Si l'on considère un rond rouge avec en son centre un rectangle blanc disposé au bord d'une route, c'est là l'exemple d'un symbole transparent : on comprend immédiatement que l'on a affaire à un panneau de la circulation fonctionnant comme un signal de sens interdit. Si maintenant l'on lit un texte qui exige sans cesse que l'on prête attention à sa forme, à son rythme, à ses sonorités, en même temps qu'à ses images et à ses effets de sens, il y a fort à parier que l'on a affaire à un texte qui fonctionne comme une œuvre d'art, à la façon d'un poème par exemple. Certes, comme le précise Goodman à la fin du texte, en disant qu'un objet fonctionne comme une œuvre d'art, on ne dit pas pour autant qu'au moment où il fonctionne comme une œuvre d'art, il *est* une œuvre d'art. De même, il ne dit pas que quand un tableau de Rembrandt sert à boucher une fenêtre, il n'*est* plus une œuvre d'art. Ce que les objets *sont* réellement reste toujours bien difficile à dire avec précision. En revanche, on peut toujours faire l'effort de préciser la manière dont ils fonctionnent, c'est-à-dire ce qu'ils font. Une telle approche ne permet-elle pas alors de rendre compte d'un possible fonctionnement des séries comme des œuvres d'art ?

Quand les séries fonctionnent comme des œuvres d'art

Ainsi, le fait qu'elles puissent fonctionner comme des produits de divertissement ou comme des produits marchands ne devrait plus empêcher des objets comme les séries de fonctionner comme des œuvres d'art. Mais précisément, comment un objet se met-il à fonctionner comme une œuvre d'art ?

Goodman explique que ce fonctionnement dépend d'un processus d'*implémentation* ou d'*activation*[1]. À propos d'une œuvre, un roman par exemple, il faut distinguer le temps de l'exécution par l'artiste et le temps de son activation pour le public. Pour que le roman soit activé et fonctionne effectivement comme une œuvre d'art, il faut qu'il soit publié. Tant qu'il reste dans le tiroir du bureau de son auteur, il ne fonctionne pas comme une œuvre d'art. Pour qu'un tableau fonctionne comme une œuvre d'art, là aussi, il faut qu'il soit rendu visible, d'une manière ou d'une autre, et qu'il puisse ainsi faire l'objet d'une expérience esthétique. Dans tous les cas, un objet ne fonctionne comme œuvre d'art qu'à partir de conditions objectives, et non subjectives, d'activation. Dès lors, pour qu'une série fonctionne comme une œuvre d'art, il faut qu'elle soit présentée d'une manière qui rende possible son activation. Quels sont donc les facteurs de cette activation ?

1. Goodman N., « L'art en action », *Les cahiers du Musée national d'art moderne*, n° 41, 1992, p.7-13, repris dans *Esthétique contemporaine*, textes réunis par J.-P. Cometti, J. Morizot et R. Pouivet, Vrin, 2005, p. 143.

■ Diffusion ou publication des séries ?

Sur ce point, il est certain que ce n'est pas le canal de la diffusion habituelle des séries qui est le plus susceptible de cette activation. Trop souvent, les chaînes de télévision modifient les séries qu'elles diffusent, que ce soit en trahissant la langue originale, en ne tenant pas compte de l'ordre des épisodes, en en coupant certaines scènes, ou en en interrompant le cours du récit par des coupures publicitaires[1]. Pour toutes ces raisons, il apparaît que c'est plutôt la publication en coffrets de DVD qui rend possible une authentique activation de ces objets comme de véritables œuvres d'art audiovisuelles : elle les présente au grand public sans déformation, et dans un contexte qui ne risque pas à tout moment d'en *désactiver* le fonctionnement. En même temps, cette publication permet de constituer une sorte de répertoire ou de catalogue de références et facilite ainsi la mise en rapport et l'interconnexion entre les œuvres, ce qui en augmente d'autant plus l'intensité de l'activation du fonctionnement esthétique. De la même façon que, dans un musée ou dans une exposition de peinture, la proximité d'autres œuvres peut renforcer l'activation de celle que l'on contemple. Mais une telle élucidation de l'activation des séries suffit-elle à en expliquer le fonctionnement comme des œuvres d'art ?

L'œuvre d'art et son contexte culturel

Suffit-il que toutes les conditions objectives d'activation soient réunies pour qu'un tableau de Picasso, un poème de Rimbaud, une pierre ramassée sur le bord du chemin ou un épisode de *Rome* fonctionnent comme des œuvres d'art ? La théorie de Goodman a le mérite, par sa sobriété, de dissiper certaines confusions. Mais elle fait le pari qu'une fois activés les objets peuvent fonctionner comme des œuvres d'art pour des sujets, sans que ceux-ci aient besoin de se rapporter au contexte historique de leur production et de leur réception. Cela veut dire qu'à la rigueur, pour

1. Sur ces « mutilations » que subissent les séries lors de leur diffusion à la télévision, il suffit de visiter les forums des sites internet sur les séries pour constater que c'est là un des motifs récurrents de plaintes à l'égard des chaînes qui les diffusent.

Goodman, une pièce de Molière jouée devant un public de martiens n'ayant aucune connaissance du contexte historique et social de la situation décrite et de l'époque de la mise en scène fonctionnait comme une œuvre d'art. Ainsi, des objets pourraient fonctionner comme des œuvres d'art en dehors de toute culture préalable. Mais comment serait-il encore possible d'expliquer que l'on puisse *comprendre* une œuvre d'art?

Un autre philosophe américain, Jerrold Levinson, actuellement professeur à l'université du Maryland aux États-Unis, insiste sur l'idée qu'on ne peut pas pleinement comprendre le fonctionnement d'un objet comme une œuvre d'art si on ne tient pas compte aussi du contexte culturel dans lequel il fonctionne. Sans rejeter entièrement la théorie de Goodman, il s'en distingue suffisamment pour pouvoir la compléter et rappeler qu'« *Aucune œuvre n'est une île*[1] », autrement dit, la connaissance du contexte social, culturel et historique des œuvres est nécessaire pour en comprendre le fonctionnement symbolique, comme il l'explique dans l'extrait suivant:

> « *L'approche "aveugle" d'une œuvre, c'est-à-dire sans aucune perspective contextuelle ou cognitive peut parfois être amusante ou procurer une riche expérience, mais l'œuvre n'est pas alors approchée en tant qu'œuvre d'art, comme résultant d'une activité expressive, communicationnelle et symbolique.* [...]
>
> *L'expérience correcte de l'œuvre et son appréciation esthétique ne supposent pas la capacité de se représenter le contexte culturel, l'arrière-plan ou l'orientation cognitifs. On doit pourtant posséder cette capacité afin de saisir l'œuvre comme l'énonciation ou l'offre historiquement située qu'elle est. De manière générale, c'est par osmose avec une culture et une large expérience de la forme d'art en question qu'on acquiert ce qui, à cet égard, nous est nécessaire.* [...] »
>
> **Jerrold Levinson, « Le contextualisme esthétique », dans *Esthétique contemporaine*, textes réunis par J.-P. Cometti, J. Morizot et R. Pouivet, Vrin, 2005, p. 457, 459.**

---

1. Levinson J., « Le contextualisme esthétique », dans *Esthétique contemporaine*, textes réunis par J.-P. Cometti, J. Morizot et R. Pouivet, Vrin, 2005, p. 452.

Saisir le contexte : entre expérience et représentation

Un objet ne fonctionne donc pas « aveuglément » comme œuvre d'art, quand bien même serait-il activé en tant que tel, auprès d'un public non averti. Certains publics d'expositions ou de concerts, désarçonnés par telle peinture abstraite ou telle musique sérielle, ne disent finalement rien d'autre quand ils jugent brutalement devant ces œuvres d'art que leur petite sœur aurait pu en faire autant ou que ce n'est plus de la musique. De même, il ne suffit pas de lancer un DVD, un soir, et de regarder trois épisodes pour faire une expérience esthétique et voir une série fonctionner comme une œuvre d'art, alors que l'on n'a aucune habitude de fréquentation de ce genre d'objet. La connaissance du contexte historique et culturel de l'œuvre est nécessaire, soutient Levinson, pour que le fonctionnement de l'objet soit compris comme celui, spécifique, d'une œuvre d'art. Mais d'un autre côté, Levinson précise qu'il n'est pas nécessaire que cette connaissance du contexte soit ordonnée et rationnelle – discursive – pour qu'un objet puisse devenir actif et déclencher le genre d'expérience que provoquent les œuvres d'art. La bonne description se situe, semble-t-il, entre les deux. Pour qu'un objet fonctionne effectivement comme une œuvre d'art, il faut que nous soyons habitués à son contexte, que nous soyons en « *osmose* » avec la culture qu'il implique, même si cela requiert quelques médiations. S'il ne suffit pas d'ouvrir les yeux, il ne faut pas pour autant en passer par tout un apprentissage de connaissances historiques, sociales et culturelles pour faire l'expérience du fonctionnement d'un objet comme une œuvre d'art. L'expérience esthétique n'est pas conditionnée par une explication théorique de l'œuvre et des intentions de l'auteur – en cela elle reste bien d'abord une expérience –, mais elle ne sera pourtant pleinement effective que si le sujet possède la capacité « *de* se représenter *le contexte culturel, l'arrière-plan ou l'orientation cognitifs* ». Pour le dire autrement, ce n'est pas parce que les œuvres d'art se rencontrent dans une expérience qui est leur principale raison d'être que cette expérience exclut « *une médiation culturelle et une information historique appropriée*[1] ». La connaissance du

1. Levinson J., « Le contextualisme esthétique », art. cit. *Ibid.* p. 460

contexte ou ce que Levinson appelle aussi cette « *osmose* » avec la culture dans laquelle s'inscrit l'œuvre est donc à compter parmi les facteurs d'activation de l'œuvre d'art. À ce titre les séries fonctionnent donc d'autant plus spécifiquement comme des œuvres d'art que leur public est capable de les recevoir dans la médiation d'un contexte culturel.

À défaut de pouvoir apporter une réponse directe et définitive au problème de la définition de l'œuvre d'art identifié au début de ce chapitre, les analyses qui précèdent permettent de le clarifier. À la question de la définition il faut substituer la question bien meilleure des conditions de fonctionnement d'un objet en tant qu'œuvre d'art. Le bénéfice de cette clarification se mesure immédiatement au fait qu'elle permet de rendre compte d'une plus grande diversité d'expériences esthétiques. Dans certaines conditions d'activation et à travers la médiation d'une culture, les séries peuvent fonctionner comme des œuvres d'art et nous proposer ainsi des perspectives nouvelles sous lesquelles voir notre monde.

Les chapitres qui précèdent avaient notamment pour ambition de jouer ce rôle de médiation en élucidant quelques-uns des questionnements présents dans ces récits. Ils peuvent ainsi contribuer à activer le fonctionnement esthétique des séries, sans que cela signifie ni la mort de l'art, ni la crise de la culture, bien au contraire.

Bibliographie et webographie sur les séries

Livres

Carrazé A., *Les séries télé,* Hachette, coll. « pratique », 2007, 288 p. (ou son blog : http://alaincarraze.blog.canal-plus.com)

Winckler M., *Les miroirs de la vie,* Le Passage, 2002, 335 p.

Winckler M., *Les miroirs obscurs,* Au diable vauvert, 2005, 470 p.

Revues

Generique(s) et son interface numérique www.generiques-mag.com

Cahiers du cinéma, « Séries, l'âge d'or », juillet-août 2003, n° 581.

MédiaMorphoses, « Les raisons d'aimer... les séries télé », hors-série – janvier 2007, Inathèque de France & Armand Colin, numéro dirigé par Éric Maigret et Guillaume Soulez.

Sites web

On trouve beaucoup de sites consacrés à une série et animés par des fans, souvent de bonne qualité. Nous donnons ici deux adresses de sites généralistes qui proposent des analyses thématiques ou des critiques approfondies des séries.

http://seriestv.blog.lemonde.fr

http://analysesenseries.canalblog.com

Un site propose en plus un e-mag à télécharger (gratuitement).

www.critictoo.com

Index des notions philosophiques étudiées

Index des séries étudiées

Achevé d'imprimer en juin 2009
dans les ateliers de Normandie Roto Impression s.a.s.
61250 Lonrai
N° d'imprimeur : 09-2238
Dépôt légal : juin 2009

Imprimé en France